Diretora
Rosely Boschini

Gerente Editorial Pleno
Franciane Batagian Ribeiro

Assistente Editorial
Alanne Maria

Produção Gráfica
Fábio Esteves

Capa, Projeto Gráfico e Diagramação
Mariana Ferreira

Revisão
Wélida Muniz

Impressão
Geográfica

Caro(a) leitor(a),
Queremos saber sua opinião sobre nossos livros. Após a leitura, curta-nos no **facebook.com/editoragentebr**, siga-nos no Twitter **@EditoraGente**, no Instagram **@editoragente** e visite-nos no site **www.editoragente.com.br**. Cadastre-se e contribua com sugestões, críticas ou elogios.

Copyright © 2022 by Robson Hamuche.
Todos os direitos desta edição são reservados à Editora Gente.
Rua Natingui, 379 – Vila Madalena
São Paulo, SP – CEP 05443-000
Telefone: (11) 3670-2500
Site: www.editoragente.com.br
E-mail: gente@editoragente.com.br

Este livro foi impresso pela Geográfica em papel pólen bold 70 g/m² em outubro de 2022.

dos Internacionais de Catalogação na Publicação (CIP)
Angélica Ilacqua CRB-8/7057

e, Robson
a gratidão diária / Robson Hamuche. - São Paulo :
ente, 2022.

5-5544-286-1

vimento pessoal I. Título

CDD 158.1

Índice para catálogo sistemático:
1. Desenvolvimento pessoal

NOTA DA PUBLISHER

É comum nos sentirmos estressados com a correria do dia a dia. Nossa mente, sempre preocupada com os problemas que precisamos resolver, potencializa esses sentimentos, o que nos deixa exaustos. Apesar de, muitas vezes, parecer que não há nada que possamos fazer, algumas mudanças de hábito podem contribuir para o nosso bem-estar. Entre elas, exercer a gratidão ganha destaque especial.

É com grande prazer que lanço mais uma obra de Robson Hamuche, autor best-seller da casa e grande amigo. Aqui, ele nos mostra que, quando direcionamos nossa percepção para as coisas boas, quando ocupamos nossa mente sendo gratos, ganhamos uma nova perspectiva sobre a nossa vida e ficamos mais satisfeitos e felizes.

Por isso, acredite: é possível alcançar uma vida mais leve. *Minha gratidão diária* é um presente que nos mostra como, com exercícios e reflexões para todos os dias do ano, conseguimos adicionar uma prática simples, mas muito benéfica, em nossa rotina. Basta começar!

Boa leitura!

Rosely Boschini
CEO e Publisher da Editora Gente

O ESTILO DE VIDA DE SER GRATO

Gratidão!

Essa é a palavra-chave que pode abrir todas as portas para os bons acontecimentos em sua vida e contribuir para a materialização dos seus desejos, transformando completamente a sua realidade!

Com origem no termo em latim *gratus*, a palavra gratidão pode ser traduzida como agradecido ou grato. Também deriva de *gratia*, que significa graça. Segundo o dicionário, é a qualidade de quem é grato; é o reconhecimento de uma pessoa por alguém que prestou um benefício. Porém, gratidão é muito mais do que um substantivo.

Esse termo simples, mas com um significado tão belo, pode ser considerado um estilo de vida: o estilo de vida de ser grato. Devemos agradecer a tudo o que acontece e a tudo o que não acontece em nossas vidas. Existem estudos que apontam que o sentimento genuíno de gratidão pode estar ligado à sensação de bem-estar emocional. Assim, pessoas que experimentam a real valorização da sensação provocada por ela podem se sentir mais prósperas, tranquilas e felizes com a vida que têm.

A prática da gratidão não é um exercício de conformismo e, sim, de entendimento do fluxo da vida. Sermos gratos por tudo o que conquistamos faz com que sejamos retribuídos. Semeamos gratidão e colhemos bons frutos! Também é uma prática de fé: agradecer pelos eventos em nossa vida é reconhecer que o universo está fazendo um bom trabalho, mesmo quando passamos por desafios ou sofrimentos. Além disso, ao sermos capazes de sentir a gratidão por tudo o que nos acontece, entendemos que os problemas que enfrentamos fazem parte de algo muito maior que nos impele a crescer. Essa confiança gera resiliência, felicidade e um sentimento de que a vida é uma aventura que vale a pena ser saboreada e vivida.

Este livro é um convite para você preencher sua vida com bons pensamentos, porque em um lugar cheio de coisas boas, não há espaço para o que não é bom. O sentimento de gratidão vem acompanhado de alegria, amor, compaixão e entusiasmo.

A prática da gratidão é uma ferramenta simples e poderosa, capaz de mudar sua maneira de enxergar o mundo e, consequentemente, a sua vida. Esta leitura será uma forma de você se conectar diariamente com essa energia poderosa.

Robson Hamuche

PS: Se este livro chegou até você depois do primeiro dia do ano, ainda assim leia a primeira sugestão, sobre o pote de gratidão. Ele pode começar a ser feito a qualquer momento e será uma ótima maneira de registrar os gratos momentos de seu ano em paralelo à leitura, que trará novas inspirações.

JANEIRO

1º de janeiro

Dia mundial da paz

O primeiro exercício do ano é fazer um pote de gratidão! Pode ser feito da forma que preferir: com um pote de vidro, uma caixa, uma urna... Você escolhe! Pode decorar, pintar, deixar da maneira com que mais se identificar. A ideia é que todos os dias você escreva em um papel algo pelo qual sentiu gratidão e guarde ali dentro. Se você acha que não tem motivos suficientes para agradecer, no último dia do ano, ao abrir o pote, verá pelo menos 365 motivos que mostram o contrário; o que fará com que perceba mais claramente como a vida é cheia de milagres.

Escreva abaixo o seu motivo de gratidão pelo dia de hoje.

2 de janeiro

A vida é um ciclo e a matemática é simples: quanto mais agradecemos, mais obtemos! Gratidão gera gratidão, e a falta dela também semeia algo. Se não temos a capacidade de agradecer o que temos, também não estamos abertos a receber mais.

Escreva abaixo o seu motivo de gratidão pelo dia de hoje.
....
....
....
....
....
....
....
....
....
....
....
....
....

3 de janeiro

Quando passamos por uma situação difícil, temos a tendência de enxergar só o pior lado, o que faz com que seja mais difícil superar essa circunstância. Ser grato pelas oportunidades que a vida nos oferece ajuda a ter uma visão mais ampla de determinados cenários, o que facilita a tomada de decisão e nos torna mais otimistas.

Escreva abaixo o seu motivo de gratidão pelo dia de hoje.

....
....
....
....
....
....
....
....
....
....
....
....

4 de janeiro

Um novo dia é uma nova oportunidade em que tudo pode acontecer, em que tudo é possível. Somos seres ilimitados, cheios de energia, inteligência, força para fazer e para alcançar nossos maiores sonhos e propósitos. Agradeça todos os dias por poder abrir os olhos, sentir a brisa no rosto e os raios solares penetrando o seu corpo. Conecte-se com o entusiasmo para viver mais um belo dia.

Escreva abaixo o seu motivo de gratidão pelo dia de hoje.
....
....
....
....
....
....
....
....
....
....
....
....

5 de janeiro

A gratidão pode ser um antídoto para a ansiedade. O psicólogo americano Abraham Maslow atestou, em suas pesquisas,[1] que gratidão é essencial para a saúde emocional das pessoas. Ser capaz de ver as coisas boas da sua vida te ajuda a ficar mais feliz e mais satisfeito com o que você tem, além de aliviar a autocobrança desmedida, que não respeita o fluxo dos acontecimentos e só traz estresse.

Escreva abaixo o seu motivo de gratidão pelo dia de hoje.

....
....
....
....
....
....
....
....
....
....

[1] MARQUES, J. R. *A importância da gratidão*. IBC, 3 mar. 2022. Disponível em: https://www.ibccoaching.com.br/portal/a-importancia-da-gratidao/. Acesso em: 19 set. 2022.

6 de janeiro

Dia da gratidão e dia de reis

A gratidão tende a fortalecer um senso de conexão com os outros. Quando as pessoas fazem boas coisas que inspiram gratidão, a dedicação nos relacionamentos cresce, e essas mesmas relações tendem a durar mais.

Escreva abaixo o seu motivo de gratidão pelo dia de hoje.

7 de janeiro

Não importa qual é a sua fé, nem se você acredita em Deus ou não. A gratidão é universal. É uma energia que cabe em qualquer religião ou estilo de vida. Ser grato é um estado de espírito das pessoas que amam a vida.

Escreva abaixo o seu motivo de gratidão pelo dia de hoje.
....
....
....
....
....
....
....
....
....
....
....
....

8 de janeiro

A gratidão tem uma poderosa aliada: a gentileza. Gratidão e gentileza, juntas, têm o poder de tornar você mais humano e fazer com você se conecte mais facilmente com as pessoas.

Escreva abaixo o seu motivo de gratidão pelo dia de hoje.

....
....
....
....
....
....
....
....
....
....
....
....
....
....

9 de janeiro

Algumas pessoas são especialmente gratas não por algo que receberam de bom, mas, sim, pela oportunidade que tiveram de ajudar alguém, de fazer o bem. Você pode também projetar essas oportunidades para o seu futuro, desejando que elas apareçam em sua vida e que você possa ter chances de servir ao próximo.

Escreva abaixo o seu motivo de gratidão pelo dia de hoje.
....
....
....
....
....
....
....
....
....
....
....
....
....
....

10 de janeiro

Qualquer um pode adotar o senso de gratidão, basta ter algumas atitudes práticas. Umas delas é simplesmente se dedicar, regularmente, a pensar em uma pessoa que fez diferença em sua vida. Envie uma mensagem ou diga pessoalmente a ela o quanto você é grato pela existência dela.

Escreva abaixo o seu motivo de gratidão pelo dia de hoje.

11 de janeiro

Sorria mais! Você sabia que sorrir para alguém é um exercício de gratidão? E é um ato tão simples! Ao cruzar com uma pessoa, em vez de manter a cara fechada, abra um sorriso como quem diz: "Sou grato por você ter surgido em meu caminho".

Escreva abaixo o seu motivo de gratidão pelo dia de hoje.
....
....
....
....
....
....
....
....
....
....
....
....
....
....

12 de janeiro

Sentir-se grato também se refere a um estado de espírito – e não somente a bons acontecimentos, como graças ou ajudas recebidas. A gratidão permeia todas as experiências vividas por você. Procure, hoje, observar o seu dia e mapear quantas situações inspiram você a agradecer.

Escreva abaixo o seu motivo de gratidão pelo dia de hoje.

....
....
....
....
....
....
....
....
....
....
....
....
....

MINHA GRATIDÃO DIÁRIA

13 de janeiro

Um exercício para mudar o mindset negativo é se comprometer, durante 21 dias, a anotar três coisas pelas quais você é grato. Experimente e veja como, pouco a pouco, seus pensamentos vão se acostumar a olhar o melhor da sua vida e não apenas o pior. Talvez até você comece, espontaneamente, a ressignificar o que acontece de negativo e neutralizar esses efeitos em sua mente e em seu coração.

Escreva abaixo o seu motivo de gratidão pelo dia de hoje.

....
....
....
....
....
....
....
....
....
....
....
....

14 de janeiro

Os efeitos benéficos da gratidão podem ir longe! Como em um efeito dominó: pessoas que se sentem bem por algo que alguém fez por elas se inspiram a ajudar outras. Elas sentem uma elevação, com um consequente reforço da sua consideração pela humanidade. Dessa forma, elas geram mais bondade no mundo ao seu redor.

Escreva abaixo o seu motivo de gratidão pelo dia de hoje.

15 de janeiro

Aquela sensação de alegria que toma conta de repente... Sentir-se grato pode ser algo inconsciente e espontâneo. Muitas vezes você se sente como o reflexo do que pensa e percebe. Torne-se consciente desses momentos para repeti-los mais e mais vezes em sua rotina. Procure entender quando e por que eles acontecem. Ser grato também é um exercício de autoconhecimento.

Escreva abaixo o seu motivo de gratidão pelo dia de hoje.
....
....
....
....
....
....
....
....
....
....
....
....

16 de janeiro

A gratidão traz sentido para o ontem, fornece paz para o presente e cria uma visão positiva para o amanhã. Isso fica mais claro se você fizer este exercício: pense em algo que aconteceu no passado e que naquele momento você não aceitou, sofreu, não entendeu. Olhe hoje o que você aprendeu ou teve que fazer para superar aquele episódio. Veja como sua vida está agora e se as coisas se encaixaram melhor. Quando temos ciência de que esse fluxo sempre acontece, deixamos o momento atual mais leve e temos mais fé no futuro.

Escreva abaixo o seu motivo de gratidão pelo dia de hoje.

....
....
....
....
....
....
....
....
....
....

17 de janeiro

A gratidão não escolhe religião e não tem contraindicação. Pelo contrário, só traz benefícios. O livro dos Salmos, da Bíblia, aconselha que a gratidão seja duradoura e completa. Está escrito: "Eu te darei graças para sempre" (Salmos 30:12). Martinho Lutero se refere à gratidão como sendo o coração do Evangelho, retratando-a como uma virtude a ser colocada em prática. Já o Alcorão recomenda a gratidão: "Quem quer que agradeça, beneficia sua própria alma."[2]

Escreva abaixo o seu motivo de gratidão pelo dia de hoje.

....
....
....
....
....
....
....
....

[2] GUNDERMAN, R. *A gratidão tem o poder de salvar vidas.* Disponível em: https://www.nexojornal.com.br/externo/2018/08/11/A-gratid%C3%A3o-tem-o-poder-de-salvar-vidas-ou-por-que-voc%C3%AA-deveria-escrever-aquela-nota-de-agradecimento. Acesso em: 19 set. 2022.

18 de janeiro

O convite de hoje é para você começar a contar as bênçãos em sua vida, a começar pela respiração que está fazendo agora, sem nem mesmo se dar conta. É ela que mantém vivo. O verdadeiro milagre da vida é aproveitar o agora, apreciando-o e sentindo-se completo e vivo.

Escreva abaixo o seu motivo de gratidão pelo dia de hoje.
....
....
....
....
....
....
....
....
....
....
....
....
....

19 de janeiro

Permitir-se ser feliz agora não quer dizer que você não pode desejar ter e ser mais. Significa que você sabe exatamente como é próspero e beneficiado pelo dom da vida. Sabe esperar pacientemente por aquilo que está por vir, na certeza de que chegará no momento certo.

Escreva abaixo o seu motivo de gratidão pelo dia de hoje.

....
....
....
....
....
....
....
....
....
....
....
....
....

20 de janeiro

Tente algo novo, seja destemido e, acima de tudo, faça o seu melhor e fique bem com ele. Livrar-se das altas expectativas permitirá que você tenha mais abertura para viver o inesperado. Agradeça o novo e deixe que ele entre em sua vida. As maiores alegrias da vida chegam sem programação.

Escreva abaixo o seu motivo de gratidão pelo dia de hoje.

21 de janeiro

A sua frequência energética é responsável por aquilo que você sintoniza na vida. Sendo assim, quando ela está alta, fomentada por sentimentos positivos, você atrai situações e pessoas que estão na mesma frequência. Da mesma maneira, essa frequência cai quando você tem sentimentos negativos, como medo ou desconfiança, que o colocam para baixo. O sentimento de gratidão é de uma vibração altíssima, o que significa que é capaz de trazer para perto o melhor que a vida pode oferecer.

Escreva abaixo o seu motivo de gratidão pelo dia de hoje.

....
....
....
....
....
....
....
....
....
....
....

22 de janeiro

Exercício de gratidão

Por que não agradecer também pelas coisas que deram errado e das quais tirou alguma lição? Você aprendeu com o erro? Evoluiu de alguma maneira? Coloque essa reflexão no papel e, então, agradeça.

Escreva abaixo o seu motivo de gratidão pelo dia de hoje.

23 de janeiro

Quando você está pleno, o seu humor melhora e, consequentemente, sua percepção do ambiente ao seu redor estará mais harmônica. Isso acaba beneficiando seus colegas de trabalho sua família e até quem você encontra pela rua. A plenitude é uma das consequências da gratidão.

Escreva abaixo o seu motivo de gratidão pelo dia de hoje.

....
....
....
....
....
....
....
....
....
....
....
....
....

24 de janeiro

Colocamos muito peso em nossa vida ao tentar controlar cada aspecto dela. Procure largar as rédeas do controle e ficar mais tranquilo. Aprenda a deixar fluir, a relaxar um pouco e a deixar a vida te levar. Isso vai multiplicar seu potencial de gratidão.

Escreva abaixo o seu motivo de gratidão pelo dia de hoje.

....
....
....
....
....
....
....
....
....
....
....
....
....

25 de janeiro

Ter gratidão por uma conquista é o primeiro grau de evolução. Ter gratidão é um sentimento de expansão, libertação e felicidade.

Escreva abaixo o seu motivo de gratidão pelo dia de hoje.

26 de janeiro

A gratidão coloca você no centro de tudo, como protagonista da sua história. Nesse estágio, você tem consciência da importância do seu relacionamento consigo mesmo e com as suas escolhas.

Escreva abaixo o seu motivo de gratidão pelo dia de hoje.

27 de janeiro

Conhecimento é tudo: é um dos meios de o ser humano crescer e evoluir, tanto na vida pessoal quanto na profissional. Por isso, é importante você ser grato por tudo que lhe foi ensinado desde o nascimento. A família é o núcleo em que se inicia esse papel. Depois, você aprende com os educadores e, então, ao chegar à fase adulta, continuará sendo influenciado por mentores e líderes. Você se torna uma soma de todos os ensinamentos e experiências vividas, e nenhum deles pode ser descartado. Há sempre uma lição a ser aprendida que o fará mais forte, consciente, preparado e melhor.

Escreva abaixo o seu motivo de gratidão pelo dia de hoje.
....
....
....
....
....
....
....
....
....
....

28 de janeiro

Hoje é dia de São Tomás de Aquino. Sabia que ele escreveu um Tratado de Gratidão? Segundo ele, esse sentimento tem três níveis de compreensão: o primeiro é o reconhecimento da graça ou favor recebido; o segundo é o sentimento de emoção por aquilo que lhe foi dado; o terceiro é a retribuição da graça, não por obrigação, mas com a intenção de permitir que outras pessoas experienciem o mesmo sentimento.

Escreva abaixo o seu motivo de gratidão pelo dia de hoje.

....
....
....
....
....
....
....
....
....
....
....

29 de janeiro

Ser grato é ver beleza nos detalhes. É perceber as sutilezas que a vida apresenta em seu caminho e que tornam sua jornada mais gentil, mais agradável, mais bonita. Quais são as pequenas coisas que tornam o seu dia melhor? Talvez elas estejam todos os dias presentes, e você nem sequer se deu conta de que são um presente.

Escreva abaixo o seu motivo de gratidão pelo dia de hoje.

....
....
....
....
....
....
....
....
....
....
....
....
....
....

30 de janeiro

Quando você se sente grato em vez de massacrado pelos problemas, é invadido por uma sensação de leveza e amor que só atrai coisas boas. Isso o faz passar pelos problemas de uma maneira mais suave.

Escreva abaixo o seu motivo de gratidão pelo dia de hoje.
....
....
....
....
....
....
....
....
....
....
....
....
....
....

31 de janeiro

Oração de gratidão

"Eu agradeço pelas pessoas que fazem parte do meu dia a dia e que me amam, me ensinam, me dão a oportunidade de aprender. (DIGA O NOME DESSAS PESSOAS) Cada uma, do seu modo, me ajuda a ser uma pessoa melhor."

Escreva abaixo o seu motivo de gratidão pelo dia de hoje.

FEVEREIRO

1º de fevereiro

Agradeça diariamente por suas conquistas. Agradeça a tudo o que precisou acontecer para que você atingisse cada uma delas. Todos os dias, cultive a consciência de que as suas vitórias não são apenas mérito, mas também uma prova de que o universo conspira a favor de quem se empenha em fazer o melhor.

Escreva abaixo o seu motivo de gratidão pelo dia de hoje.
....
....
....
....
....
....
....
....
....
....
....
....
....

2 de fevereiro

A correria do dia a dia pode te deixar cansado e sobrecarregado. A exaustão piora quando você se conecta apenas com os problemas. Ser grato é uma maneira de se conectar com as coisas boas que acontecem ou existem no meio do caos e sair desse fluxo de negatividade.

Escreva abaixo o seu motivo de gratidão pelo dia de hoje.

3 de fevereiro

Existem cada vez mais evidências de que contabilizar nossas graças é um dos melhores hábitos para desenvolver nossa saúde mental e física. Quem pratica exercícios de gratidão regularmente, como contar graças e agradecer aos outros, tem crescente satisfação em seus relacionamentos e menos sintomas de doença física.

Escreva abaixo o seu motivo de gratidão pelo dia de hoje.

4 de fevereiro

Muitas pessoas passam os dias com os olhos fechados para as possibilidades da vida, presas em seus próprios desertos espirituais. Suas orações são movidas, apenas, pelos pedidos. Pedimos muito e agradecemos pouco. Deixar de agradecer a Deus por tudo aquilo que Ele te proporciona é uma das maneiras de você se aprisionar em seu próprio egoísmo. O que é egoísmo? É um hábito ou atitude de colocar seus interesses e projetos em primeiro lugar. Tão importante quanto suplicar a Deus, é agradecer por tudo de bom que Ele permite que entre e fique em sua vida.

Escreva abaixo o seu motivo de gratidão pelo dia de hoje.
....
....
....
....
....
....
....
....
....
....

5 de fevereiro

O que você tem para agradecer hoje, mudará o seu amanhã. Seja grato por tudo o que você tem agora, porque nunca se sabe o que terá no instante seguinte. Vida é movimento, e a mente grata nunca toma as coisas por garantidas. A mente grata é sábia, ela saboreia todos os momentos e entende que a cada instante o melhor lhe é dado.

Escreva abaixo o seu motivo de gratidão pelo dia de hoje.

....
....
....
....
....
....
....
....
....
....
....
....

6 de fevereiro

Quantas vezes você já não perdeu tempo se comparando com os outros, enchendo a mente de pensamentos do tipo: "Por que ela e não eu?"; "Eu só vou ser feliz quando tiver um carro como o de fulano!"; "Bom mesmo é o trabalho dele...". Que tal mudar a perspectiva e começar a ver sua vida pelo ângulo das bênçãos? Em vez de reclamar do seu trabalho, agradeça por ter um ganha-pão e tenha ciência de que muitos outros não têm. Reconhecer o que há de bom em sua vida é uma forma de agradecer.

Escreva abaixo o seu motivo de gratidão pelo dia de hoje.
....
....
....
....
....
....
....
....
....
....
....

7 de fevereiro

Segundo Deepak Chopra, existem sete leis espirituais do sucesso. Uma delas é a lei de causa e efeito, que diz: "Colhemos o que plantamos"[3]. Pelo fenômeno da atração, tudo em que você se concentra, seja para o bem ou para o mal, você atrai. Portanto, plante gratidão e atraia abundância.

Escreva abaixo o seu motivo de gratidão pelo dia de hoje.

....
....
....
....
....
....
....
....
....
....
....

[3] CHOPRA, D. *Sete leis espirituais do sucesso.* Rio de Janeiro: Editora Best Seller, 2020.

8 de fevereiro

Ao expressar sua gratidão, não apenas solte palavras vazias ao vento. Sinta-as e viva-as verdadeiramente. Não basta dizer, mostre! Não basta prometer, prove! Afinal, o que realmente importa não é o que você diz, mas como você vive o que diz.

Escreva abaixo o seu motivo de gratidão pelo dia de hoje.

9 de fevereiro

Use a gratidão como combustível. No momento em que você agradece, tem a clara percepção das coisas que estão acontecendo positivamente em sua vida. Isso o faz olhar todo o caminho que o trouxe até aqui. Dá uma satisfação imensa! E o abastece para continuar construindo a sua história de forma saudável e otimista.

Escreva abaixo o seu motivo de gratidão pelo dia de hoje.
....
....
....
....
....
....
....
....
....
....
....
....
....

10 de fevereiro

Achar que a gratidão é apenas o ato de retribuir atitudes ou situações agradáveis que outras pessoas geraram em nossa vida é uma forma de pensar muito pequena. Ser grato é um estado de espírito que não deve ter referência somente aos fatos positivos, mas a tudo que está presente na nossa vida.

Escreva abaixo o seu motivo de gratidão pelo dia de hoje.

11 de fevereiro

Conseguir trabalhar a gratidão em sua vida tem mais a ver com enxergar os percalços pelo caminho do que com as dificuldades pelas quais você vai passar. Acreditar que tudo sempre será um país das maravilhas é o grande problema do ser humano. Ser grato não fará ninguém imune aos problemas, mas o fortalecerá para lidar com as adversidades.

Escreva abaixo o seu motivo de gratidão pelo dia de hoje.

....
....
....
....
....
....
....
....
....
....
....
....

12 de fevereiro

Você sabe qual é a diferença etimológica entre as palavras "gratidão" e "obrigado"? "Gratidão" é uma emoção que reconhece algo genuinamente. Já o termo "obrigado", remete a uma obrigação. Portanto, se trata de um dever de agradecer algo que foi recebido. Fique sempre com a gratidão, que vem da sua espontaneidade.

Escreva abaixo o seu motivo de gratidão pelo dia de hoje.
....
....
....
....
....
....
....
....
....
....
....
....

13 de fevereiro

Uma pesquisa feita na Universidade de Indiana, nos Estados Unidos, chegou à conclusão de que ser grato pelas pequenas coisas da vida pode causar grandes mudanças, inclusive cerebrais.[4] Expressar a gratidão é uma espécie de meta estratégica para alcançar o estado que podemos chamar de felicidade.

Escreva abaixo o seu motivo de gratidão pelo dia de hoje.

....
....
....
....
....
....
....
....
....
....
....

[4] FUSCO, C. *Expressar gratidão pode mudar seu cérebro*. **Revista Galileu**, 8 jan. 2016. Disponível em: https://revistagalileu.globo.com/Ciencia/noticia/2016/01/expressar-gratidao-pode-mudar-seu-cerebro.html. Acesso em: 19 set. 2022.

14 de fevereiro

Dia da amizade

Não se esqueça daquelas pessoas que se preocupam e colaboram com você, e que, de algum modo, estão presentes em sua vida, fazendo com que ela seja mais gostosa e fácil de ser vivida. Você sabe quem são!

Escreva abaixo o seu motivo de gratidão pelo dia de hoje.

15 de fevereiro

Quanto mais você estiver em um estado de gratidão, mais você vai ter a agradecer. Seja grato pelo que você tem e terá cada vez mais.

Escreva abaixo o seu motivo de gratidão pelo dia de hoje.
....
....
....
....
....
....
....
....
....
....
....
....
....
....

16 de fevereiro

Ser grato é uma atitude revolucionária! Pessoas que expressam sua gratidão possuem maiores doses de bom humor, otimismo, melhora na duração e na qualidade do sono, praticam mais exercícios físicos, têm a pressão arterial mais equilibrada e níveis de estresse mais baixos.

Escreva abaixo o seu motivo de gratidão pelo dia de hoje.

17 de fevereiro

Onde está a gratidão? Em todo momento de felicidade. Em todo ato de reconhecimento. Em todo o lugar da jornada em que você percebe que Deus está te abençoando com os seus milagres diários.

Escreva abaixo o seu motivo de gratidão pelo dia de hoje.

....
....
....
....
....
....
....
....
....
....
....
....
....
....

18 de fevereiro

Experimente ter paciência com você mesmo. Experimente sentir-se inteiro e contente com os seus sonhos já realizados, ainda que você queira conquistar o próximo. A gratidão é uma maneira de aceitar o tempo dos outros, o tempo das coisas e entender que tudo o que você deseja faz parte de uma engrenagem que está funcionando, que está andando, mas não necessariamente no ritmo que você quer. A gratidão mostra que o hoje e o agora são bons o suficiente para você. Dessa forma, você fica mais tranquilo e relaxado para seguir o curso da vida.

Escreva abaixo o seu motivo de gratidão pelo dia de hoje.

....
....
....
....
....
....
....
....
....
....

19 de fevereiro

Para onde você vai com tanta pressa? É necessário desacelerar e ficar sensível e atento para perceber os presentes. Daqueles presentes que no meio da correria a gente nem se dá conta. A gratidão ajuda nesse encontro com o que, de fato, é a vida. Reconhecer, perceber e não simplesmente deixar a vida escorrer pelos dedos.

Escreva abaixo o seu motivo de gratidão pelo dia de hoje.

20 de fevereiro

A gratidão sincera não precisa de cerimônia e dispensa intermediários. Há momentos em que agradecer dispensa até mesmo as palavras, sendo substituída por abraços, sorrisos, orações ou por um simples suspiro profundo de satisfação.

Escreva abaixo o seu motivo de gratidão pelo dia de hoje.

21 de fevereiro

Não encare a gratidão como uma obrigação. Sua verdadeira essência mora na espontaneidade. Agradeça de coração aberto, pulsante. Transforme-a em um hábito, coloque-a no flow da sua vida.

Escreva abaixo o seu motivo de gratidão pelo dia de hoje.

22 de fevereiro

O Universo é infinito em bondade para todos os ser humanos; e a gratidão só fomenta essa corrente do bem. A energia que ela gera é abundante, contagiante e só traz benefícios para todos.

Escreva abaixo o seu motivo de gratidão pelo dia de hoje.

23 de fevereiro

Exagero, cá para nós, não costuma ser algo muito bom. Exceto quando o assunto é a gratidão! Não há no mundo exagero mais belo do que a gratidão.

Escreva abaixo o seu motivo de gratidão pelo dia de hoje.

24 de fevereiro

Já dizia o filósofo André Comte Sponville: "A gratidão é a mais agradável das virtudes. Não é, no entanto, a mais fácil."[5] Essa atitude de reconhecimento vai muito além de simplesmente dizer obrigado ou retribuir um favor. É sentir algo que te faz bem e reconhecer que isso não depende só de você. A gratidão verdadeira não tem vaidade e te faz sentir conectado com o todo.

Escreva abaixo o seu motivo de gratidão pelo dia de hoje.
....
....
....
....
....
....
....
....
....
....

[5] SPONVILLE, A. C. *Pequeno tratado das grandes virtudes.* São Paulo: Martins Fontes, 2016.

25 de fevereiro

Você deve agradecer mesmo naqueles dias mais desafiadores, em que deseja jogar tudo para o alto, em que considera que foi injustiçado. Tudo vem para o aprendizado. Aquilo foi necessário para que houvesse esse equilíbrio do universo e com certeza ele está te livrando de algo que não era para estar em sua vida. Espere pelos próximos capítulos.

Escreva abaixo o seu motivo de gratidão pelo dia de hoje.

26 de fevereiro

Exercício de gratidão

Desafio do dia: passar as próximas 24 horas sem reclamar.

Substitua o impulso de criticar pelo novo hábito de procurar aspectos positivos em tudo o que estiver presente em sua vida. Anote como você se sentiu ao longo do dia.

Escreva abaixo o seu motivo de gratidão pelo dia de hoje.
....
....
....
....
....
....
....
....
....
....
....
....

27 de fevereiro

A gratidão é um dos sentimentos mais puros e positivos. Gratidão é a forma mais simples de retribuir tudo o que recebemos da vida.

Escreva abaixo o seu motivo de gratidão pelo dia de hoje.

28 de fevereiro

"Agradeço pela superação de obstáculos e pela proteção das pessoas que amo. Agradeço pelo sol que vem depois da chuva e pela chuva que vem depois do sol. Agradeço pelo que sei e pelo o que não sei. Agradeço pela oportunidade de aprender todos os dias a dinâmica da vida. Agradeço por aprender a viver melhor todo dia."

Escreva abaixo o seu motivo de gratidão pelo dia de hoje.

....
....
....
....
....
....
....
....
....
....
....
....
....
....

MARÇO

1 de março

Para despertar a gratidão em você, experimente fazer essa atividade: pense em alguém que teve uma grande influência em sua vida. Pode ser alguém da sua família, um amigo, um professor, um chefe. Pegue papel e caneta e escreva tudo que você conseguir sobre o que ela fez de bom para você. Procure descrever detalhadamente sobre as características positivas dessa pessoa.

Escreva abaixo o seu motivo de gratidão pelo dia de hoje.

....
....
....
....
....
....
....
....
....
....
....
....

2 de março

Agradecer um estranho que segurou a porta para você; mandar uma mensagem de agradecimento para um colega de trabalho reconhecendo a contribuição dele em um trabalho seu. Esse tipo de delicadeza, além de ser o mínimo da boa educação, faz com que as pessoas queiram estar perto de você.

Escreva abaixo o seu motivo de gratidão pelo dia de hoje.

3 de março

Tenha o hábito de agradecer sempre quando for surpreendido por situações agradáveis. Sempre ter gratidão pela felicidade que lhe foi proporcionada é uma atitude sábia e ao mesmo tempo é uma demonstração de humildade.

Escreva abaixo o seu motivo de gratidão pelo dia de hoje.

4 de março

Sorrir, orar e agradecer são três dos principais pilares para uma boa vida, não importa a situação em que vivemos.

Escreva abaixo o seu motivo de gratidão pelo dia de hoje.

5 de março

Seja grato pela sua saúde. É ela que faz com que você possa seguir lutando por seus sonhos. Seja grato por estar vivo e sempre ter uma nova chance de vencer.

Escreva abaixo o seu motivo de gratidão pelo dia de hoje.

6 de março

Às vezes ficamos tão focados em pedir que nos esquecemos de olhar para o que já temos. E, muitas vezes, o que temos já nos basta. Pode até parecer pouco, mas o ter muito não é necessariamente responsável pela nossa felicidade.

Escreva abaixo o seu motivo de gratidão pelo dia de hoje.
....
....
....
....
....
....
....
....
....
....
....
....
....
....

7 de março

O sentimento de gratidão é tão forte que possibilita rápidas mudanças em sua vida. Ao praticar a pureza do agradecimento, você é retribuído com amor, carinho, boas energias e vibrações.

Escreva abaixo o seu motivo de gratidão pelo dia de hoje.

....
....
....
....
....
....
....
....
....
....
....
....
....
....

8 de março

Dia internacional da mulher

O segredo para seguir sempre em frente e construir o seu caminho é aprender a lidar com as mudanças e nunca deixar que as dificuldades tirem o seu sorriso, a sua alegria de viver e os seus motivos para agradecer.

Escreva abaixo o seu motivo de gratidão pelo dia de hoje.

....
....
....
....
....
....
....
....
....
....
....
....
....

9 de março

A gratidão influencia na lei da atração: quanto mais agradecido você for, mais você se torna um ímã de coisas boas.

Escreva abaixo o seu motivo de gratidão pelo dia de hoje.

10 de março

Gratidão também é exercitar o perdão. É importante saber perdoar o passado, o que você fez e de que se arrependeu. Em vez de continuar se torturando, agradeça o aprendizado adquirido. Perdoar é para poucos, pois requer desapego e autoaceitação. O resultado é você se tornar uma pessoa mais presente e conectada com o hoje, o aqui e agora, que sempre lhe dá oportunidades de fazer diferente.

Escreva abaixo o seu motivo de gratidão pelo dia de hoje.

11 de março

Trace um plano, crie um mapa mental do que deseja para seu futuro próximo e então coloque seus próximos passos, ações, conquistas e mudanças de rota nas mãos do Universo. Agradeça pela certeza de que tudo vai conspirar para que o melhor aconteça, mesmo que não seja exatamente da forma como você planejou.

Escreva abaixo o seu motivo de gratidão pelo dia de hoje.

....
....
....
....
....
....
....
....
....
....
....
....
....

12 de março

A gratidão pode ser usada para tudo, repare nisso. E pode ser uma atitude a todo momento. Você pode começar agora dizendo: "Eu sou uma pessoa grata pela vida, sou grata por minhas mãos, sou grata pela oportunidade de ler este texto, sou grata pelos novos insights que me ajudam a me tornar um ser humano melhor".

Escreva abaixo o seu motivo de gratidão pelo dia de hoje.
....
....
....
....
....
....
....
....
....
....
....
....
....

13 de março

Chorar. Se desesperar. Gritar de raiva. Ninguém quer passar por nada disso. Mas estamos todos sujeitos a essas emoções. Elas fazem parte da vida e, quando necessário, se a dor é grande, é preciso se permitir vivê-la. É necessário agradecer pela capacidade de sentir. Uma emoção negativa bem vivida passa mais rápido e cura mais rápido.

Escreva abaixo o seu motivo de gratidão pelo dia de hoje.
....
....
....
....
....
....
....
....
....
....
....
....

14 de março

Ninguém sabe de fato por que estamos neste planeta, convivendo com determinadas pessoas, vivendo como vivemos. Por alguma razão fomos escolhidos para esta missão terrena e perceber que a vida é um presente, independentemente do que aconteça, amplia nosso olhar para tudo o que podemos fazer de bom.

Escreva abaixo o seu motivo de gratidão pelo dia de hoje.

15 de março

Um pequeno mantra de fé na vida para iniciar o seu dia:
"Eu me aceito como eu vim, eu me aceito como eu sou e sou aberto e grato por tudo que aconteceu, acontece e vai acontecer".

Escreva abaixo o seu motivo de gratidão pelo dia de hoje.

16 de março

Para ter gratidão é preciso ter percepção. Quem percebe ações positivas, encara a vida com reconhecimento, boa vontade e desfruta de um estado emocional diferenciado de bem-estar. Você é uma pessoa que costuma manter o radar ligado para os acontecimentos que merecem a sua gratidão?

Escreva abaixo o seu motivo de gratidão pelo dia de hoje.
....
....
....
....
....
....
....
....
....
....
....
....
....
....

17 de março

Conforme vai sendo cultivada todos os dias, todas as horas, em todos os momentos da nossa vida, a gratidão vai ocupando um espaço cada vez maior e te preenchendo de uma felicidade infinita que vai tomando conta de sua mente, corpo e coração. Dessa forma, você passa a se sentir cada vez mais completo e pleno, mais conectados com seus propósitos, e as coisas vão simplesmente acontecendo, sem esforço, como um rio que já sabe o seu caminho.

Escreva abaixo o seu motivo de gratidão pelo dia de hoje.
....
....
....
....
....
....
....
....
....
....
....
....

18 de março

Um pouco de meditação, um pouco de ioga e uma pitada de gratidão. Sua mente vai estar pronta para encarar qualquer desafio que surja durante o seu dia.

Escreva abaixo o seu motivo de gratidão pelo dia de hoje.

....
....
....
....
....
....
....
....
....
....
....
....
....
....
....

19 de março

Você já agradeceu hoje? Por ter acordado mais um dia, pela saúde, pelo seu teto, pela comida na mesa, pelas pessoas ao se redor?

Escreva abaixo o seu motivo de gratidão pelo dia de hoje.
....
....
....
....
....
....
....
....
....
....
....
....
....
....

20 de março

Dia internacional da felicidade e início do outono

Existe uma forte relação entre o sentimento de gratidão e felicidade. Isso porque esses sentimentos ajudam as pessoas a serem mais positivas e, portanto, a aproveitarem melhor os bons momentos, a lidar melhor com as dificuldades e, dessa forma, terem mais momentos felizes em seu cotidiano.

Escreva abaixo o seu motivo de gratidão pelo dia de hoje.

21 de março

Você sabia que as pessoas mais agradecidas são aquelas que mais têm sucesso? A lógica disso é que quanto mais você reconhece tudo o que recebe da vida, mais você deseja fazer, produzir, crescer. Quem se mantém nesse fluxo de produtividade cria uma energia que inevitavelmente gera frutos.

Escreva abaixo o seu motivo de gratidão pelo dia de hoje.

....
....
....
....
....
....
....
....
....
....
....
....

22 de março

Dia mundial da água

Atitude de gratidão envolve agradecer tudo o que existe na nossa vida. E hoje, no Dia Mundial da Água, que tal agradecer por todas as oportunidades que a água estiver presente, como ao lavar o rosto pela manhã, ao tomar seu café ou chá, ao ver a chuva caindo, ao regar as plantas no vaso, ao entrar no banho etc. A água é abundante, vital, purificadora e mais um dos tantos presentes que a vida te dá.

Escreva abaixo o seu motivo de gratidão pelo dia de hoje.
....
....
....
....
....
....
....
....
....
....
....
....
....

23 de março

Muitas pesquisas sobre gratidão já foram feitas e o resultado sempre é o mesmo: gratidão atrai o bem. Mesmo no meio de um turbilhão de problemas, continue agradecendo por ter saúde, lucidez, fé e forças para resolver todas os contratempos que surgirem.

Escreva abaixo o seu motivo de gratidão pelo dia de hoje.

....
....
....
....
....
....
....
....
....
....
....
....
....
....

24 de março

"Me desculpe. Sinto muito. Obrigado. Eu te amo." As frases da prática havaiana *Ho'oponopono* são uma maneira de chegar à reconciliação e ao perdão. Para perdoar, é preciso agradecer. Ou seja, estar ciente de que aquilo que aconteceu te trouxe a possibilidade de melhorar.

Escreva abaixo o seu motivo de gratidão pelo dia de hoje.
....
....
....
....
....
....
....
....
....
....
....
....
....

25 de março

Dia nacional do orgulho gay

Saber agradecer pelo amor recebido é uma verdadeira dádiva. Somente pessoas com intenções sinceras são capazes de unir estes dois sentimentos – amor e gratidão – tão belos e tão fundamentais para a nossa vida na Terra.

Escreva abaixo o seu motivo de gratidão pelo dia de hoje.
....
....
....
....
....
....
....
....
....
....
....
....
....

26 de março

Faça um elogio sincero a alguém, sem pensar em como será recebido. Sem filtro. Sem medo. Sem pudor. Apenas com o seu coração. Elogiar é uma forma de agradecer uma pessoa por ela ser de determinada maneira.

Escreva abaixo o seu motivo de gratidão pelo dia de hoje.

27 de março

A humildade é uma das características que pode ajudar você a ser grato. Isso porque ela é uma forma de conseguir reconhecer todos os pequenos detalhes que fazem a diferença, e todas as pessoas e situações que foram importantes para você.

Escreva abaixo o seu motivo de gratidão pelo dia de hoje.
....
....
....
....
....
....
....
....
....
....
....
....
....
....

28 de março

Ser feliz faz você se sentir grato. Ser grato sempre fará você se sentir feliz.

Escreva abaixo o seu motivo de gratidão pelo dia de hoje.

....
....
....
....
....
....
....
....
....
....
....
....
....
....
....

29 de março

Sempre há tempo para florescer o seu melhor e agradecer aqui e agora. Também sempre é hora para receber o mesmo cuidado dos outros, pois gratidão alimenta gratidão. Quanto mais você agradece, mais pode se sentir completo em tudo que é e em tudo o que tem. Você pode sentir que é merecedor da vida.

Escreva abaixo o seu motivo de gratidão pelo dia de hoje.
....
....
....
....
....
....
....
....
....
....
....
....

30 de março

Gratidão é um sentimento de amor que eleva o espírito e une você a Deus.

Escreva abaixo o seu motivo de gratidão pelo dia de hoje.

31 de março

Reserve um momento do seu dia para este exercício de respiração:
Inspire mentalizando a palavra ACEITO.
Retenha o ar mentalizando a palavra AGRADEÇO.
Solte o ar mentalizando a palavra ENTREGO.
Fique alguns segundos sem ar mentalizando a palavra CONFIO.

Escreva abaixo o seu motivo de gratidão pelo dia de hoje.

ABRIL

1º de abril

Oração de gratidão

Faça uma lista de tudo pelo que você é grato a si mesmo. Uma dica: tente colocar um olhar de fora, como se estivesse vendo sua vida como outra pessoa. Visualize todos os momentos em que você foi muito bom consigo mesmo. Liste os momentos em que você se sentiu feliz com suas próprias atitudes. Ser grato a si mesmo é autocuidado.

Escreva abaixo o seu motivo de gratidão pelo dia de hoje.

....
....
....
....
....
....
....
....
....
....
....
....

2 de abril

Pessoas felizes e gratas deixam seu melhor por onde passam. Elas são capazes de se elevar ao próximo patamar de crescimento e, dessa forma, se aprimoram cada vez mais.

Escreva abaixo o seu motivo de gratidão pelo dia de hoje.

....
....
....
....
....
....
....
....
....
....
....
....
....
....

3 de abril

Muitas são as situações em que pensar positivo se torna uma vantagem. Experimente trocar lamentação por gratidão e veja como o cenário muda. Você vai perceber que pode ser leve até quando a vida está sendo dura. Temos o poder de transformar a nossa vibração e atrair novamente coisas boas.

Escreva abaixo o seu motivo de gratidão pelo dia de hoje.

4 de abril

Toda ação tem retorno. A vida é um eco e por isso devolverá aquilo que você der todos os dias. Portanto, pratique o bem, a felicidade, cultive a paz, o amor, a alegria e a gratidão. Seja especialista naquilo que é bom e agradável e o retorno será um tanto quanto melhor do que isso.

Escreva abaixo o seu motivo de gratidão pelo dia de hoje.

5 de abril

Imagine só que mundo bonito teríamos se todos expressassem sua gratidão. Faça sua parte agradecendo diariamente pela vida que tem e comece a fortalecer essa verdadeira corrente do bem.

Escreva abaixo o seu motivo de gratidão pelo dia de hoje.

6 de abril

Comece a olhar com bons olhos para as pessoas, para os momentos e para cada fase da sua vida. Olhe com humildade e as expectativas que você tem vão mudar. Olhe com gratidão e tudo muda de perspectiva.

Escreva abaixo o seu motivo de gratidão pelo dia de hoje.

7 de abril

Dia mundial da saúde

A prática da gratidão é uma fonte de vida saudável por ser uma atitude contínua de afeição e de prática do amor a Deus. Quem é grato, tem consciência de que só o amor existe. Com amor, vem a cura.

Escreva abaixo o seu motivo de gratidão pelo dia de hoje.

8 de abril

Dia mundial do combate ao câncer

Seja grato àqueles que o auxiliam nos momentos de dor e necessidade. Agradecer sempre é bom, e manter essa amizade é melhor ainda. Faça questão de agradecer às pessoas boas que cruzaram o seu caminho e que fizeram a diferença, preocupadas em te ajudar sem querer nada em troca. Os vínculos mais verdadeiros são aqueles que se travam nas horas difíceis. A prática dessa gratidão começa com as pessoas mais próximas.

Escreva abaixo o seu motivo de gratidão pelo dia de hoje.

....
....
....
....
....
....
....
....
....
....
....

9 de abril

A gratidão pode se apresentar de várias maneiras. Independentemente de qual seja sua forma, o sentimento é sempre o mesmo: aquele que aquece o coração e traz a sensação de que tudo vale a pena.

Escreva abaixo o seu motivo de gratidão pelo dia de hoje.

....
....
....
....
....
....
....
....
....
....
....
....
....

10 de abril

Seja grato por tudo. Cada detalhe. Sabendo que nada existe por acaso e sem a arquitetura divina. Entregue sua vida ciente de que a fonte é inesgotável. Quando você entrega de coração, a vida o recompensa em dobro.

Escreva abaixo o seu motivo de gratidão pelo dia de hoje.

11 de abril

Para filosofias como o budismo e o espiritismo, ser grato é fundamental para a paz espiritual. Uma alma feliz é uma alma grata.

Escreva abaixo o seu motivo de gratidão pelo dia de hoje.

12 de abril

Gratidão é sorrir quando um amigo lembra do seu doce favorito ou do seu aniversário. É quando sua mãe faz um prato delicioso no domingo. É quando tudo dá certo na entrevista de emprego. Gratidão é segurar seu filho no colo e beijá-lo muito.

Escreva abaixo o seu motivo de gratidão pelo dia de hoje.
....
....
....
....
....
....
....
....
....
....
....
....
....

13 de abril

A gratidão faz a vida completa. Faz o que temos ser o suficiente. Faz com que a negação se torne aceitação. O caos periódico e a confusão, se transformam em clareza. Você pode fazer uma refeição e ela acabar se tornando um banquete. Sua casa pode ser pequena, mas se torna uma mansão. Um estranho acaba virando um amigo.

Gratidão gera transformação, pois é o melhor caminho para reconhecer o valor do que normalmente passa despercebido.

Escreva abaixo o seu motivo de gratidão pelo dia de hoje.
....
....
....
....
....
....
....
....
....
....
....

14 de abril

Pare por um momento para saborear o agora. Preste atenção ao que está fazendo, como está fazendo e por qual motivo está fazendo. Saboreie as sensações de estar no presente. Sinta a gratidão espontânea que isso proporciona.

Escreva abaixo o seu motivo de gratidão pelo dia de hoje.

15 de abril

Fazer uma doação a quem precisa é uma forma de agradecimento e de demonstração de fé. Quem doa recebe tudo de volta de formas que nem imagina. Quem doa acredita na lei da abundância e tem certeza de que nunca nada lhe faltará.

Escreva abaixo o seu motivo de gratidão pelo dia de hoje.

....
....
....
....
....
....
....
....
....
....
....
....
....

16 de abril

Seja grato pelos seus erros, pois eles vão lhe ensinar a entender o que você não quer ou o que não cabe mais na vida. Eles vão mostrar em que você precisa melhorar, mudar, aprimorar e fazer diferente. Erros apontam novos caminhos. Agradeça e abra os olhos para enxergá-los. Nada como errar para poder avaliar a própria vida.

Escreva abaixo o seu motivo de gratidão pelo dia de hoje.

17 de abril

Quem cultiva sentimentos de gratidão, pode ter menos problemas cardíacos e dormir melhor. Isso porque vive sem sobressaltos. Quando somos gratos, passamos a compreender melhor a vida em todas as situações. Quanto mais agradecemos, mais fortes e otimistas ficamos. Passamos a perceber que as pessoas certas aparecem, assim como quem está incomodando se afasta sem motivo aparente. As situações se resolvem mais facilmente, pois o nosso olhar muda.

Escreva abaixo o seu motivo de gratidão pelo dia de hoje.

....
....
....
....
....
....
....
....
....
....
....
....

18 de abril

Convido hoje você a dizer sim para vida da forma como ela se apresenta, com as pessoas que fazem parte dela e com você do jeito que é. Gratidão é aceitação. Gratidão é se contentar com o hoje e se alegrar com ele, para ter energia de sobra para realizar e construir o seu amanhã.

Escreva abaixo o seu motivo de gratidão pelo dia de hoje.

19 de abril

Muitos acordam reclamando do trabalho. Felizes são aqueles que têm um trabalho que não só lhes permite levar o pão de cada dia à mesa, mas também colocar sua energia a serviço de construir algo ou ajudar as pessoas.

Escreva abaixo o seu motivo de gratidão pelo dia de hoje.

20 de abril

Gratidão é uma carta de amor ao universo, onde é possível escrever uma por dia. Escreva hoje a sua!

Escreva abaixo o seu motivo de gratidão pelo dia de hoje.

21 de abril

Quando somos gratos, somos mais completos. Gratidão diminui o desconforto e a sensação de que não somos bons o bastante. Gratidão é olhar para si mesmo e ver quantas maravilhas Deus fez por você.

Escreva abaixo o seu motivo de gratidão pelo dia de hoje.

....
....
....
....
....
....
....
....
....
....
....
....
....

22 de abril

Descobrimento do Brasil e dia do planeta Terra

Agradeça à Gaia, que na mitologia grega é a Mãe-Terra. Ela é quem tudo provê para a existência, vitalidade e manutenção da energia do seu corpo neste planeta. Ela que o nutre, que lhe dá o alimento, que fornece o ar puro que você respira e que o renova a cada inspiração e expiração. Ela que convida seu espírito a desbravar, viver e ser um ser cada vez mais luminoso e conectado.

Escreva abaixo o seu motivo de gratidão pelo dia de hoje.
....
....
....
....
....
....
....
....
....
....
....
....

23 de abril

A gratidão é a parceira ponta firme dessa revolução que você busca para se tornar melhor todas as manhãs. Sem ela, os degraus parecem maiores; os morros, mais altos, e os cantos, mais escuros. Quando aparece no meio caminho que já foi percorrido, ela recobra suas forças.

Escreva abaixo o seu motivo de gratidão pelo dia de hoje.

....
....
....
....
....
....
....
....
....
....
....
....
....

24 de abril

Expressar gratidão encoraja os outros a continuarem sendo generosos, promovendo assim um círculo virtuoso de bondade em relacionamentos. Da mesma maneira, pessoas agradecidas talvez fiquem mais propensas a retribuir com seus próprios atos de bondade. De um modo mais amplo, uma comunidade em que as pessoas se sentem agradecidas umas com as outras tem mais chances de ser um local agradável de se viver do que uma caracterizada por ressentimentos mútuos.

Escreva abaixo o seu motivo de gratidão pelo dia de hoje.
....
....
....
....
....
....
....
....
....
....

25 de abril

Muitas pessoas dizem que têm pouco pelo que agradecer. Na realidade, elas têm muito mais do que pensam. Todos nós temos a capacidade de criar e mudar o nosso pensamento, e olhar sob uma nova ótica.

Escreva abaixo o seu motivo de gratidão pelo dia de hoje.

26 de abril

Imagina só que mundo bonito teríamos se todos expressassem sua gratidão. Faça sua parte agradecendo diariamente pela vida que tem e comece a fortalecer a sua verdadeira corrente do bem.

Escreva abaixo o seu motivo de gratidão pelo dia de hoje.

27 de abril

Ser capaz de não se perder em um sentimento negativo é importante para superar os obstáculos da vida. O processo de resiliência ensina muito isso. Desenvolver a capacidade de estar além do problema, de conseguir passar por um momento de estresse e depois voltar ao seu eixo é uma arte, e a gratidão pode auxiliar nesse processo. Ela faz você olhar para a sua vida sob outras perspectivas e dá um outro significado ao que de ruim está acontecendo.

Escreva abaixo o seu motivo de gratidão pelo dia de hoje.

28 de abril

Em qualquer situação da vida podemos encontrar algo de bom. Ver as coisas boas é a forma como decidimos encarar a vida. É uma escolha totalmente individual e autônoma. Ninguém pode fazer com que você veja algo de outra maneira além da sua. Esse poder é seu. Experimente mergulhar nesse estado de reconhecimento e de estar feliz com todas as coisas.

Escreva abaixo o seu motivo de gratidão pelo dia de hoje.
....
....
....
....
....
....
....
....
....
....
....
....

29 de abril

É maravilhoso entender que tudo que acontece coopera para o nosso bem, mesmo quando as coisas parecem sair de curso. Elas estão, na verdade, pegando atalhos que, mais tarde, entenderemos que foram os mais acertados para nossa felicidade.

Escreva abaixo o seu motivo de gratidão pelo dia de hoje.

....
....
....
....
....
....
....
....
....
....
....
....
....
....

30 de abril

"Gratidão ao Criador e ao Universo por mais um dia nessa escola da vida. Pela saúde plena. Por ter, em perfeito estado, meus corpos físico, mental, emocional e espiritual. Pelos amigos, pela família. Por poder falar, ouvir e sentir."

Escreva abaixo o seu motivo de gratidão pelo dia de hoje.
....
....
....
....
....
....
....
....
....
....
....
....
....
....

MAIO

1º de maio

Dia do trabalho

Talvez você esteja tão preocupado em solucionar problemas e em cumprir as obrigações diárias do trabalho que se esquece de agradecer pelo lugar em que está. Experimente fazer uma reflexão sobre as bênçãos em sua vida profissional e as realizações pelas quais dedicou tanto tempo. Ser grato pelo que já foi conquistado pode transformar a sua maneira de lidar com seus próximos objetivos.

Escreva abaixo o seu motivo de gratidão pelo dia de hoje.

....
....
....
....
....
....
....
....
....
....
....
....

2 de maio

A gratidão não aparece simplesmente. Ela exige um sistema de valores éticos. Os conceitos de dar e receber são compreendidos em profundidade a partir do momento que renunciamos a uma visão egocêntrica da vida. A gratidão é uma virtude reservada aos mais elevados espíritos.

Escreva abaixo o seu motivo de gratidão pelo dia de hoje.

....
....
....
....
....
....
....
....
....
....
....
....
....

3 de maio

Mantenha o hábito saudável de reconhecer suas qualidades que abrem portas e lhe dão ferramentas para você vencer. Mantenha o hábito de agradecer, pois isso vai fazer com que você se sinta mais forte. Saiba que se você tem essas qualidades, é porque elas precisam ser desenvolvidas, e o Universo vai conspirar a favor toda vez que você trabalhar nelas.

Escreva abaixo o seu motivo de gratidão pelo dia de hoje.

....
....
....
....
....
....
....
....
....
....
....
....

4 de maio

Um estudo pediu a um grupo de pessoas que, ao longo de três semanas, escrevesse bilhetes de agradecimento para quem fazia diferença na vida delas. Os pesquisadores descobriram que o hábito de escrever essas notas, mesmo sendo algo não espontâneo, melhora a satisfação com a vida, aumenta o sentimento de felicidade e reduz os sintomas de depressão.

Escreva abaixo o seu motivo de gratidão pelo dia de hoje.

5 de maio

Quando você mantém sua vibração alta, com pensamentos positivos e de gratidão, você tem a sensação de que não precisa de mais nada. Quando você está com o copo cheio de bons sentimentos, tende a transbordar e espalhá-los. Quando está com o copo vazio, é natural que você se retraia.

Escreva abaixo o seu motivo de gratidão pelo dia de hoje.

....
....
....
....
....
....
....
....
....
....
....
....
....

6 de maio

A gratidão sabe explicar tudo o que não se compreende. A tudo entende como bom; e mesmo em silêncio, num doce silêncio, sente a voz feliz do coração e reconhece a bondade de Deus.

Escreva abaixo o seu motivo de gratidão pelo dia de hoje.

7 de maio

Quando a vida é só felicidade, fica mais fácil agradecer. Desafiador mesmo é ter atitude de gratidão em momentos de turbulência. Quando passamos por situações difíceis, tendemos a ter raiva, sentir tristeza, a pensar "por que comigo?". São nesses momentos que é preciso pedir por discernimento para que seja possível absorver algo de positivo da experiência e ser grato por ela. Assim você conseguirá entender melhor por que essa situação precisa ser vivida.

Escreva abaixo o seu motivo de gratidão pelo dia de hoje.

....
....
....
....
....
....
....
....
....
....
....

8 de maio

No momento em que somos gratos, nos conectamos com a energia que torna tudo possível. Essa energia simplesmente é. Não tem passado, nem futuro. A gratidão é a invasão da eternidade no tempo.

Escreva abaixo o seu motivo de gratidão pelo dia de hoje.

9 de maio

Ver graças onde os outros veem desgraça. Essa é a sabedoria da gratidão. É não desperdiçar um segundo sequer do aprendizado constante a que somos expostos nesta existência. Agradecer é dizer "sim" para a sua evolução.

Escreva abaixo o seu motivo de gratidão pelo dia de hoje.
....
....
....
....
....
....
....
....
....
....
....
....

10 de maio

A gratidão nos leva à grandeza. Ela pode nos fazer perceber facilmente que o que temos no momento basta. Pode transformar o trabalho em alegria; o caos, em ordem; a incerteza, em clareza, e trazer a paz para um dia caótico.

Escreva abaixo o seu motivo de gratidão pelo dia de hoje.
....
....
....
....
....
....
....
....
....
....
....
....
....

11 de maio

Segundo a lei da atração, que controla toda energia do Universo, da formação de um átomo até o movimento dos planetas, semelhante atrai semelhante. A gratidão opera através dessa lei universal que governa toda a sua vida. Assim, a energia da gratidão atrai bênçãos.

Escreva abaixo o seu motivo de gratidão pelo dia de hoje.

12 de maio

"Minha família é complicada". "Nunca tenho dinheiro suficiente". "Eu vivo cansado". Se você passa mais tempo colocando energia nas coisas negativas e em tudo o que ainda não aconteceu, atrairá mais experiências assim. Pois é nisso que está o seu foco, sua frequência e energia Porém, se pensar em coisas pelas quais deveria agradecer, trará mais experiências boas para sua vida. Experimente trocar aquelas afirmações por estas: "Obrigada pela minha família". "Agradeço por sempre ter férias sensacionais". "Sou grato pelo meu trabalho". "Agradeço o dinheiro que ganho". E sinta a mudança!

Escreva abaixo o seu motivo de gratidão pelo dia de hoje.

....
....
....
....
....
....
....
....
....
....
....

13 de maio

Agradeça à sua mãe que lhe trouxe ao mundo e foi o veículo para que você desembarcasse no planeta Terra. Canalize todas as suas melhores intenções, carinho e vibrações por essa mulher que teve um papel essencial em sua formação como pessoa.

Escreva abaixo o seu motivo de gratidão pelo dia de hoje.

....
....
....
....
....
....
....
....
....
....
....
....
....

14 de maio

Agradecer mais do que pedir. Saúde, abraços, presença da família, um pôr do sol bonito, histórias para contar. Quem vê beleza na vida, vê motivos para agradecer muito mais.

Escreva abaixo o seu motivo de gratidão pelo dia de hoje.

15 de maio

Dia internacional das famílias

Quando a gente conquista algo muito gratificante, fica feliz, comemora, sente gratidão. Importante também agradecer não apenas ao Universo, mas às pessoas que participaram dessa conquista – direta ou indiretamente. Ao pai que pagou os estudos que permitiram você trilhar o sucesso profissional; à irmã que o incentivou a apostar naquele romance que agora virou casamento. Agradeça e coloque em suas orações o nome das pessoas da sua família que fazem a diferença em sua vida.

Escreva abaixo o seu motivo de gratidão pelo dia de hoje.

....
....
....
....
....
....
....
....
....
....
....
....

16 de maio

Agradecer também é oração. É contar para o "cara lá de cima" que Ele te faz bem, mesmo quando lhe envia as missões mais difíceis.

Escreva abaixo o seu motivo de gratidão pelo dia de hoje.
....
....
....
....
....
....
....
....
....
....
....
....
....
....
....

17 de maio

Os benefícios para o bem-estar físico e mental que a gratidão proporciona são inúmeros: ajuda a controlar a depressão, a ansiedade, a ter um sono mais profundo e uma maior satisfação com a vida.

Escreva abaixo o seu motivo de gratidão pelo dia de hoje.

18 de maio

Quando houver uma pessoa perto de você que esteja de mau humor, encare a situação como uma boa oportunidade para exercitar a sua paciência. Procure sorrir, ser gentil e agradecer consigo mesmo por esse momento. Dessa forma, você verá como é importante não se deixar influenciar pela atitude negativa de alguém.

Escreva abaixo o seu motivo de gratidão pelo dia de hoje.

....
....
....
....
....
....
....
....
....
....
....
....

19 de maio

Reconheça que você tem muito a agradecer e que é uma pessoa abençoada demais para ficar reclamando.

Escreva abaixo o seu motivo de gratidão pelo dia de hoje.

20 de maio

Talvez agradecer a alguém possa parecer algo mecânico, mas a sensação que o ato causa no seu coração pode se manifestar de várias formas. Não seja grato da boca para fora, por simples protocolo da boa educação. Praticar o modo elevado de gratidão é reconhecer que tudo o que você fizer em troca será insuficiente para retribuir aquele favor, aquela situação, aquela benesse, uma vez que ele vem de uma atitude de disposição, abertura e generosidade.

Escreva abaixo o seu motivo de gratidão pelo dia de hoje.
....
....
....
....
....
....
....
....
....
....
....

21 de maio

"A gratidão é a virtude das almas nobres", concluiu Esopo, quinhentos anos antes de Cristo vir à Terra. É impossível pensar em um homem de alma grande que não seja capaz de demonstrar agradecimento pelas benesses e proteção que recebe.

Escreva abaixo o seu motivo de gratidão pelo dia de hoje.

22 de maio

Por mais difícil que seja compreender, é preciso também ser grato pelas adversidades que surgiram e surgirão ao longo do caminho. Se você parar para refletir, vai perceber que as dificuldades são tão essenciais quanto tudo aquilo que dá certo. Elas têm a capacidade de fortalecer você. Quando você é colocado à prova, é obrigado a encontrar sua melhor versão e os recursos capazes de ajudá-lo a vencer.

Escreva abaixo o seu motivo de gratidão pelo dia de hoje.

23 de maio

Gratidão é uma arma de vitória que apaga insinuações malignas de rejeição e de baixa da autoestima. Gratidão neutraliza pensamentos de depressão. É um exercício de libertação. Nos leva a voar nas asas do espírito.

Escreva abaixo o seu motivo de gratidão pelo dia de hoje.
....
....
....
....
....
....
....
....
....
....
....
....
....

24 de maio

Se você tem dinheiro, agradeça a fartura. Se não tem, agradeça a oportunidade de valorizar o que não é material.

Escreva abaixo o seu motivo de gratidão pelo dia de hoje.

....
....
....
....
....
....
....
....
....
....
....
....
....
....
....

25 de maio

Se você recebe amor, agradeça por esse sentimento estar presente em sua vida. Se você não sente que recebe amor, espalhe amor e seja grato por ter o poder de semear o bem.

Escreva abaixo o seu motivo de gratidão pelo dia de hoje.
....
....
....
....
....
....
....
....
....
....
....
....
....
....

26 de maio

Em um time campeão, cada jogador dá o seu melhor. Um bom capitão reconhece a importância de cada um dos atletas. Na vida, a gratidão gera o mesmo efeito. Demonstre gratidão a todos os que colaboram com as suas vitórias.

Escreva abaixo o seu motivo de gratidão pelo dia de hoje.

....
....
....
....
....
....
....
....
....
....
....
....
....
....

27 de maio

Agradeça por errar e por ter a oportunidade de corrigir. Agradeça a cada despertar e adormecer. Agradeça pelos amigos e inimigos. Agradeça pelas vitórias e pelas derrotas. Agradeça por estar aqui e fazer parte desse ciclo infinito de energia.

Escreva abaixo o seu motivo de gratidão pelo dia de hoje.
....
....
....
....
....
....
....
....
....
....
....
....
....
....

28 de maio

Mergulhar no estado de reconhecimento é estar consciente de que todas as coisas cooperam para o nosso bem. A gratidão faz com que tudo faça sentido. Ela é a sabedoria feita com doçura.

Escreva abaixo o seu motivo de gratidão pelo dia de hoje.

29 de maio

Outro nível de gratidão é alcançado quando você reconhece que as suas quedas fizeram de você uma pessoa mais calejada. Alguém que entende que não vai repetir os mesmos equívocos ali na frente.

Escreva abaixo o seu motivo de gratidão pelo dia de hoje.

....
....
....
....
....
....
....
....
....
....
....
....
....
....

30 de maio

Gratidão é também um tema bastante usado pela religião católica. Os fiéis pedem auxílio e proteção e quando as graças são alcançadas, eles são tomados pelo sentimento de gratidão. Entretanto não é preciso ser católico para ser grato a alguém ou a alguma coisa.

Escreva abaixo o seu motivo de gratidão pelo dia de hoje.

....
....
....
....
....
....
....
....
....
....
....
....
....
....

31 de maio

"Sou muito grato pelo hoje que me fará melhor amanhã. Agradeço a evolução a cada dia e pelas constantes oportunidades de me tornar uma pessoa melhor para mim mesmo e para o mundo".

Escreva abaixo o seu motivo de gratidão pelo dia de hoje.
....
....
....
....
....
....
....
....
....
....
....
....
....

JUNHO

1º de junho

Em uma escala de zero a dez, quanto a gratidão faz parte da sua vida? Faça essa reflexão e avalie como deixar esse sentimento ainda mais presente. Isso é fundamental para você se tornar uma pessoa melhor, mais feliz e completa.

Escreva abaixo o seu motivo de gratidão pelo dia de hoje.
....
....
....
....
....
....
....
....
....
....
....
....
....

2 de junho

A gratidão é necessária para a sensação de completude. Quando uma pessoa reconhece o valor daquilo que tem, ela consegue ser feliz no presente e continua lutando por seus objetivos. Quem não está habituado a sentir gratidão, invariavelmente vive sentindo um vazio. Fica esperando que algo grandioso aconteça para se sentir feliz. Mas nada é grande o bastante se não soubermos agradecer.

Escreva abaixo o seu motivo de gratidão pelo dia de hoje.

3 de junho

Saiba agradecer os elogios que recebe. Muitas pessoas ficam desconcertadas quando são elogiadas. Sugiro que você receba com alegria aquilo que falam de bom sobre você. Agradecer o elogio é uma forma de demonstrar que ficou feliz e de incentivar a pessoa a gerar mais momentos de felicidade como esse na vida de outras pessoas.

Escreva abaixo o seu motivo de gratidão pelo dia de hoje.
....
....
....
....
....
....
....
....
....
....
....
....
....
....

4 de junho

Quando você estiver triste ou desanimado, sem motivação para continuar; volte para si mesmo, aquiete-se. Respire bem fundo e sinta seu corpo se envolver em uma atmosfera de autoamor. Sinta cada parte do seu ser, dos pés à cabeça. Perceba a energia que flui em você, agradeça pela oportunidade de estar vivo e por poder usar a sua energia amorosamente para, ainda que devagar, consertar o que não está certo, para colocar a vida nos trilhos. Aja com presença e esteja ciente de toda a sua potencialidade.

Escreva abaixo o seu motivo de gratidão pelo dia de hoje.

5 de junho

Dia da ecologia e dia do meio ambiente

A natureza pulsa, vibra. A natureza simplesmente é. Sem conflito, sem bloqueios. Pense em uma árvore em crescimento. Quando ela se depara com um obstáculo, faz a curva e continua crescendo. Uma flor não hesita em desabrochar. A natureza ensina. E você também faz parte dela. Portanto, seu destino é sempre crescer e prosperar. Quando se sentir sem saída, olhe para a natureza e verá que sempre existe uma solução. Seja grato por poder sempre acessar esse exemplo que ensina em seu silêncio, sua plenitude e sua força.

Escreva abaixo o seu motivo de gratidão pelo dia de hoje.

6 de junho

Não existe limite para ser grato. Podemos agradecer muito mais do que o habitual. Com essa plena consciência de ser abençoado, você segue cada vez mais forte e cria relações fortes e profundas com todos a sua volta: seus pais, seus filhos, seu companheiro ou sua companheira de vida, seus líderes e sua equipe.

Escreva abaixo o seu motivo de gratidão pelo dia de hoje.

....
....
....
....
....
....
....
....
....
....
....
....

7 de junho

Gratidão está além da compreensão. Porque quem compreende é a mente e quem é grato é o coração, o espírito. Ela vem do entendimento que só a visão do espírito tem.

Escreva abaixo o seu motivo de gratidão pelo dia de hoje.

8 de junho

A gratidão te dá paz quando você é capaz de ver quem está ao seu lado, mesmo que pense que está sozinho. Ela muda sua vida para melhor quando você se dá conta do que tem. Ela amplia a sua visão. Quando você enxerga a parte positiva da vida, passa a ter mais consciência de quantas coisas boas você tem.

Escreva abaixo o seu motivo de gratidão pelo dia de hoje.

....
....
....
....
....
....
....
....
....
....
....
....
....

9 de junho

A felicidade está ao lado de quem é grato. Você tem sempre algo a agradecer e, portanto, sempre tem motivo para se sentir feliz.

Escreva abaixo o seu motivo de gratidão pelo dia de hoje.

10 de junho

Certamente você já conheceu pessoas que parecem estar sempre bem. A vida delas não é melhor nem pior do que a sua. Todos têm problemas e desafios. A diferença está no olhar. Quem olha para a vida com fé, amor e gratidão passa com mais leveza pelas dificuldades – e faz até os outros imaginarem que não, elas não passam por dificuldades.

Escreva abaixo o seu motivo de gratidão pelo dia de hoje.

11 de junho

A falta de gratidão pode te transformar em um hamster girando na roda de uma vida sem felicidade. Quantas vezes você sonhou com uma vida melhor? Mas quantas vezes você já olhou para trás e contabilizou o seu crescimento, tanto material quanto espiritual? A gratidão permite que você corra atrás das metas que estabeleceu, desfrutando do que você é hoje e do que você já tem. Nunca deixe de sentir o gosto e aproveitar suas conquistas.

Escreva abaixo o seu motivo de gratidão pelo dia de hoje.

12 de junho

Dia dos namorados

Dê valor a quem caminha ao seu lado hoje, pois a estrada da vida, por vezes, o leva a direções diferentes. Não espere um dia no futuro para reconhecer tudo de bom que essa pessoa trouxe para sua vida. Que tal fazer isso agora mesmo?

Escreva abaixo o seu motivo de gratidão pelo dia de hoje.

13 de junho

Se você passar mais tempo sintonizando seu radar em situações negativas, é isso que você verá na vida. A sua vida é resultado do seu mundo interior. Você pode ter tido o melhor dia, ter estado ao lado dos melhores amigos, vivendo as experiências mais maravilhosas e, ainda assim, terá a capacidade de não ver um dia bom se sintonizar com aquilo que considera negativo. Se agora você sente que tudo parece estar contra você, pare. Respire fundo e busque aquelas coisas pelas quais você deve sentir gratidão. Elas não estão longe. Nem um pouco longe.

Escreva abaixo o seu motivo de gratidão pelo dia de hoje.

....
....
....
....
....
....
....
....
....
....
....

14 de junho

Hoje o convite é pra você controlar a mente tagarela que vive falando: "Mas ainda não tenho isso"; "Mas ainda não sou assim"; "Mas eu poderia ter conseguido aquilo"; "Mas não me dão valor". Dê um basta aos pensamentos insaciáveis de autocobrança. Eles te colocam para baixo, te desanimam. Procure entender que tudo está no lugar e na hora certa, isso faz parte do princípio da lei universal. Tudo está como deveria estar, para levar você ao melhor lugar.

Escreva abaixo o seu motivo de gratidão pelo dia de hoje.

....
....
....
....
....
....
....
....
....
....
....
....

15 de junho

O sentimento de gratidão pode ser estimulado a partir de pequenas atitudes como acordar com pensamentos positivos e, ao final do dia, reconher as conquistas das últimas horas.

Escreva abaixo o seu motivo de gratidão pelo dia de hoje.

16 de junho

Seja grato pelos tempos difíceis, eles estão formando você. Ninguém vem pronto. Crescer dói. Mas é o caminho para se tornar quem você deseja.

Escreva abaixo o seu motivo de gratidão pelo dia de hoje.

17 de junho

Sem gratidão, ficamos frustrados, impacientes e temerosos. Em um estado de descontentamento contínuo. Sem gratidão, ficamos cegos para as bênçãos que todos os dias nos rodeiam. A gratidão é uma maneira de você sintonizar com as coisas do alto. Ela evita que você desperdice momentos da vida se afundando em ilusões negativas.

Escreva abaixo o seu motivo de gratidão pelo dia de hoje.

....
....
....
....
....
....
....
....
....
....
....
....
....

18 de junho

O ato de agradecer nada mais é do que reconhecer que recebeu algum benefício, seja ele vindo de uma pessoa ou de forças naturais da vida. Quando você se dá conta disso, não apenas agradece, mas também devolve ao Universo essa energia.

Escreva abaixo o seu motivo de gratidão pelo dia de hoje.

....
....
....
....
....
....
....
....
....
....
....
....

19 de junho

Você não fez nada sozinho. Portanto, o orgulho deverá ser abandonado. Agradeça por tudo o que foi necessário para você chegar aonde chegou. Existiram pessoas que passaram em sua vida para que você tivesse o seu mérito e conquistasse o que você desejou. Ter gratidão é a forma mais clara para entender que tudo está conectado. Não somos nada sozinhos, fazemos parte de uma teia que conecta a todos.

Escreva abaixo o seu motivo de gratidão pelo dia de hoje.

20 de junho

Agradecer é o simples ato de reconhecer que existe algo além da sua energia trabalhando para a sua felicidade. A vida continua agindo em seu benefício e em prol dos seus objetivos, mesmo quando você está dormindo.

Escreva abaixo o seu motivo de gratidão pelo dia de hoje.

....
....
....
....
....
....
....
....
....
....
....
....
....
....
....

MINHA GRATIDÃO DIÁRIA

21 de junho

Reverencie a vida que dá tudo em equilíbrio. Depois da expansão do verão, é hora de se recolher sintonizando a energia nessa temperatura mais amena do inverno. Aceite o convite para integrar os benefícios de fluir na vida em harmonia.

Escreva abaixo o seu motivo de gratidão pelo dia de hoje.

....
....
....
....
....
....
....
....
....
....
....
....
....

22 de junho

Sempre existe espaço para criar novos caminhos ou seguir por vias já abertas que você nunca explorou ou para as quais não deu atenção. A gratidão é também uma forma de abrir os olhos para o que você quer em sua vida.

Escreva abaixo o seu motivo de gratidão pelo dia de hoje.

....
....
....
....
....
....
....
....
....
....
....
....
....

23 de junho

Muitos reclamam dos remédios que fazem uso, mas quantas pessoas sofrem com dores e doenças e não têm acesso a eles? Agradeça por tê-los e agradeça a ciência e a inteligência dos homens que dedicam a vida a criar fórmulas que aliviam as dores e curam o corpo físico, dando a você mais qualidade de vida.

Escreva abaixo o seu motivo de gratidão pelo dia de hoje.

24 de junho

Agradecer o que não acontece em sua vida é um exercício de fé. Experimente! Se você tentou algo e não atingiu esse objetivo, vai conseguir olhar esse fato como uma oportunidade para crescer mais, e não como uma porta fechada.

Escreva abaixo o seu motivo de gratidão pelo dia de hoje.

25 de junho

Não jogue fora o que você construiu nem banalize aquilo que um dia foi o que você mais queria na vida. É claro que existem situações e pessoas que têm prazo de validade para ficar perto da gente. Há relacionamentos que acabam. No entanto, observe se está minando uma relação ou uma situação pelo simples fato de não valorizar mais o quanto ela é importante em sua vida. Dessa forma, você está negligenciando os cuidados, como uma flor que está ficando sem água.

Escreva abaixo o seu motivo de gratidão pelo dia de hoje.

....
....
....
....
....
....
....
....
....
....
....

26 de junho

Você pode, sim, sentir raiva. Mas não cultivar a raiva. Ela é um dos piores sentimentos, pois é o que mais danifica a saúde do ser humano. Sinta a raiva e deixe que ela vá embora. A ira faz parte das emoções humanas. Agradeça a sua capacidade de se indignar e também de ficar leve depois que a tormenta passar. Alivie a carga negativa das suas emoções e flua como o mar que arrebenta em ondas fortes, mas volta à calmaria.

Escreva abaixo o seu motivo de gratidão pelo dia de hoje.

....
....
....
....
....
....
....
....
....
....
....
....

27 de junho

Agradeça o local em que você nasceu: sua cidade, seu estado, seu país. Mesmo com as dificuldades, reconheça o quanto ele traz de benefícios e oportunidades para você ser quem é. Agradeça a terra que te acolhe, as pessoas que fazem parte do seu cotidiano, a cultura que você assimilou, os hábitos que você tem no dia a dia e que tornam a sua vida completa e feliz.

Escreva abaixo o seu motivo de gratidão pelo dia de hoje.

28 de junho

Dia internacional do orgulho gay e dia da renovação espiritual

Sinta a plenitude de ser uma pessoa cheia de qualidades, capaz de percorrer seu caminho único, guiada pela espiritualidade. Capaz de aprender tudo o que aprende e saborear cada momento com seu jeito único, sabendo que existe algo maior que rege tudo e sabe que suas escolhas o levarão, mais cedo ou mais tarde, de volta à fonte de sabedoria.

Escreva abaixo o seu motivo de gratidão pelo dia de hoje.

29 de junho

Gratidão é aceitação e despertar da consciência. Apoiados pela causa e efeito, entendemos que o sofrimento, a doença e a dor são respostas da vida para as nossas questões mal resolvidas. É como se perguntássemos a Deus: "O que fazer para ser feliz? Como resolver este vazio existencial? Como aprender a me amar e a me relacionar com o próximo?" Recebemos na experiência diária todas as respostas.

Escreva abaixo o seu motivo de gratidão pelo dia de hoje.

30 de junho

Oração de gratidão

"Posso não ter tudo que sonho, nem estar ainda aonde quero chegar. Mas sou feliz e tenho um coração cheio de gratidão. Tenho a consciência tranquila e o peito repleto de amor. E sinto isso como um presente."

Escreva abaixo o seu motivo de gratidão pelo dia de hoje.
....
....
....
....
....
....
....
....
....
....
....
....
....

JULHO

1º de julho

Oração de gratidão

Pense em três motivos pelos quais você se sente atualmente uma pessoa agradecida e que fazem você pensar por que a vida vale a pena. Um modo de fazer isso é se concentrar em tudo que sabe ser verdade. Por exemplo, algo de que você gosta e que tem no lugar em que vive. Objetivos que alcançou e onde eles levaram você. Momentos do seu dia que fazem o seu coração sorrir.

Escreva abaixo o seu motivo de gratidão pelo dia de hoje.
....
....
....
....
....
....
....
....
....
....
....
....
....

MINHA GRATIDÃO DIÁRIA

2 de julho

Deixe as emoções negativas para serem resolvidas no decorrer do dia e torne o momento de acordar e dormir sagrados no que diz respeito à positividade. Procure condicionar sua mente a acordar com pensamentos bons. Também tenha, antes de dormir, um momento para refletir apenas sobre o que aconteceu de mais maravilhoso nas últimas 24h. Essa é uma maneira de começar e finalizar o seu dia com um sentimento de gratidão.

Escreva abaixo o seu motivo de gratidão pelo dia de hoje.

....
....
....
....
....
....
....
....
....
....
....

3 de julho

Às vezes, a grama do vizinho parece mais verde, mas quando você passa a agradecer, começa a ver um verde intenso na sua grama também. Isso ocorre, porque você começa a valorizar mais a sua história e a sua origem.

Escreva abaixo o seu motivo de gratidão pelo dia de hoje.

4 de julho

A gratidão diminui o estresse, ameniza traumas, compreende os obstáculos da vida e tira experiências positivas delas. Conseguir chegar a um ponto de agradecimento o faz superar momentos difíceis com mais facilidade.

Escreva abaixo o seu motivo de gratidão pelo dia de hoje.
....
....
....
....
....
....
....
....
....
....
....
....
....

5 de julho

Um cobertor quentinho no inverno; uma casa para a qual voltar; uma memória que te faz sorrir. Cada coisa e situação que lhe proporciona a vida que você leva é um pequeno milagre.

Escreva abaixo o seu motivo de gratidão pelo dia de hoje.

....
....
....
....
....
....
....
....
....
....
....
....
....
....

6 de julho

Uma maneira de sentir gratidão é entender que o Universo é perfeito. Há sempre uma ordem maior e um plano maior para tudo que é, foi e sempre será.

Escreva abaixo o seu motivo de gratidão pelo dia de hoje.

7 de julho

Agradeça por se amar e por poder cuidar de si.

Escreva abaixo o seu motivo de gratidão pelo dia de hoje.

8 de julho

Não é necessário procurar abundância. Ela já existe dentro de você e de todas as pessoas. Apenas é preciso acreditar no que faz e acreditar que você é merecedor. A gratidão faz você visualizar seu potencial e o seu manancial de bênçãos. Muitas vezes você tem mais coisas na sua vida do que pediu.

Escreva abaixo o seu motivo de gratidão pelo dia de hoje.

9 de julho

Se você sempre pensar que não gosta do seu emprego; que nunca vai encontrar a sua alma gêmea; que não vai conseguir pagar suas contas; que não vai conseguir ter a profissão com que sonhou, vai sempre atrair coisas e situações negativas. Porém se pensar em ser grato, todos os dias, por tudo, verá uma transformação imediata.

Escreva abaixo o seu motivo de gratidão pelo dia de hoje.

10 de julho

Gratidão está conectada à aceitação. O ser humano não vive sozinho e é influenciado por um ciclo de acontecimentos dos quais nem sempre tem controle. Não estar no controle de tudo pode parecer ruim para alguns. Mas já parou para pensar que isso significa que você nunca está sozinho e que há sempre outra energia contribuindo para o seu desenvolvimento?

Escreva abaixo o seu motivo de gratidão pelo dia de hoje.

11 de julho

O sábio não deseja pessoalmente que isso ou aquilo ocorra. O sábio age sempre com a melhor das intenções, visando o alto e dançando com a vida da forma como ela se apresenta.

Escreva abaixo o seu motivo de gratidão pelo dia de hoje.

12 de julho

Agradeça a oportunidade de poder conhecer pessoas novas enquanto seu amor não vem. Agradeça por aprender com elas. Cada uma trará um ensinamento que o deixará mais pronto para receber e dar amor para quem for a pessoa certa para você.

Escreva abaixo o seu motivo de gratidão pelo dia de hoje.

13 de julho

A gratidão também pode ultrapassar os limites da sua empresa. Uma maneira de fazer isso é compartilhar com seu cliente como ele é importante para você. Isso estabelece uma parceria e uma confiança que naturalmente fortalece a relação, criando base para um relacionamento ainda mais produtivo.

Escreva abaixo o seu motivo de gratidão pelo dia de hoje.
....
....
....
....
....
....
....
....
....
....
....
....
....
....

14 de julho

Podemos agradecer sem reservas. O agradecimento incondicional não depende de fatos externos. Não é um formalismo. É um ato interior.

Escreva abaixo o seu motivo de gratidão pelo dia de hoje.

15 de julho

Dia dos homens

É através do agradecimento que se renuncia às ilusões e que se abre espaço na alma para que coisas agradáveis ocorram em todas as áreas. Permita que o fluxo da vida siga seu sábio rumo.

Escreva abaixo o seu motivo de gratidão pelo dia de hoje.

....
....
....
....
....
....
....
....
....
....
....
....
....
....

16 de julho

Ser grato em momentos de aflição não significa que você esteja contente com a situação. Significa que, pelos olhos da fé, você está olhando para além das dificuldades atuais. Essa não é uma gratidão dos lábios, mas da alma. É uma gratidão que cura o coração e expande a mente. A gratidão tem muito a ver com abertura e receptividade.

Escreva abaixo o seu motivo de gratidão pelo dia de hoje.

17 de julho

Coloque em ordem de prioridade aquilo pelo qual você é grato. Avalie o que está no topo da sua lista. É algo material ou algo intangível? É algo que você conquistou com dinheiro ou um sentimento, uma emoção? É algo que dura para além dessa vida ou é algo que acaba um dia?

Escreva abaixo o seu motivo de gratidão pelo dia de hoje.

18 de julho

Você pode começar hoje, neste exato momento. Seja grato pela sua vida e pelas oportunidades que surgem todos os dias. Faça a diferença no mundo substituindo o pensamento de "O que eu tenho que fazer hoje?" para "O que eu posso fazer hoje pelas pessoas?".

Escreva abaixo o seu motivo de gratidão pelo dia de hoje.

....
....
....
....
....
....
....
....
....
....
....
....
....

19 de julho

A melhor maneira de agradecer é ajudando os outros seres ao longo do caminho. A gratidão não deve ficar apenas no terreno das palavras. Ela deve se transformar em atitude que favoreça o próximo e as pessoas ao seu redor.

Escreva abaixo o seu motivo de gratidão pelo dia de hoje.
....
....
....
....
....
....
....
....
....
....
....
....
....

20 de julho

Dia do amigo e dia internacional da amizade

Os verdadeiros amigos são aqueles que aparecem nas horas mais difíceis da vida. Eles surgem como seres iluminados para aliviar um fardo pesado. É um privilégio ter ao lado pessoas tão maravilhosas. Aproveite este Dia do Amigo e diga aos seus melhores parceiros: "Nunca terei como agradecer o apoio que você me ofereceu no momento em que eu tanto precisei. Quero que você receba em dobro tudo que me deu. Desejo que sua vida seja abençoada por vibrações de paz e amor. Jamais esquecerei suas palavras confortadoras. Saiba que sempre poderá contar comigo".

Escreva abaixo o seu motivo de gratidão pelo dia de hoje.

....
....
....
....
....
....
....
....
....
....

21 de julho

Ser grato é exercitar o perdão. Quando você diz, do fundo do coração: "Obrigado por essa experiência", você perdoa as pessoas, a situação e a si mesmo. Troca rancor por amor e permite que a energia daquele momento, depois de se mostrar amarga, revele seu lado doce.

Escreva abaixo o seu motivo de gratidão pelo dia de hoje.

22 de julho

Sem dúvida é importante contar as bênçãos com frequência — e certamente quem faz esse cálculo saberá que são muitas. Mas desenvolver um espírito de gratidão envolve também passar pelos momentos de provação, estando ciente de que eles são igualmente importantes. Ser grato é saber que tudo conspira para nossa evolução.

Escreva abaixo o seu motivo de gratidão pelo dia de hoje.

....
....
....
....
....
....
....
....
....
....
....
....
....

23 de julho

Agradecer é também aceitar. Aceitar o outro, o passado e o presente.

Escreva abaixo o seu motivo de gratidão pelo dia de hoje.

24 de julho

Exercitar a gratidão também traz benefícios morais; aqueles que a praticam também enxergam a vida de modo menos materialista e evitam a inveja.

Escreva abaixo o seu motivo de gratidão pelo dia de hoje.

25 de julho

Lamentar a vida só traz motivos para reclamar mais! Já agradecer até por aquilo que ainda não tem traz motivos para acreditar na vida. O seu pensamento cria, atrás da boa energia, gratidão para alma e paz para o coração.

Escreva abaixo o seu motivo de gratidão pelo dia de hoje.

....
....
....
....
....
....
....
....
....
....
....
....
....
....

26 de julho

Dia dos avós

Todos os seres humanos podem saldar seu débito de gratidão a todo momento. Essa é uma atitude fundamental que demonstra a compreensão da própria essência da vida e da existência das outras pessoas. Manifestar a gratidão em sua vida a tudo e a todos – inclusive à sua ancestralidade que lhe permitiu estar aqui – é o caminho mais certeiro para tornar-se uma pessoa melhor.

Escreva abaixo o seu motivo de gratidão pelo dia de hoje.

27 de julho

A gratidão é uma maneira de você se conectar com o aqui e agora e ver como a cada momento da vida você é conduzido pelo milagre divino e pela bondade de Deus.

Escreva abaixo o seu motivo de gratidão pelo dia de hoje.

....
....
....
....
....
....
....
....
....
....
....
....
....
....

28 de julho

Louvar, apreciar, dizer obrigado. Não interessa que palavras você usa. Elas significam a mesma coisa: experimentar a felicidade. Você deveria ser simplesmente assim: feliz. Grato pelos amigos, pela família. Feliz apenas por estar vivo.

Escreva abaixo o seu motivo de gratidão pelo dia de hoje.

29 de julho

Tenha o hábito de encontrar pontos de agradecimento em cada acontecimento. Isso faz com que você possa ter noites mais tranquilas e dormir com a consciência em paz.

Escreva abaixo o seu motivo de gratidão pelo dia de hoje.

30 de julho

Se tem amigos, agradeça pela companhia deles. Se não tem, agradeça pela oportunidade de conhecer gente nova.

Escreva abaixo o seu motivo de gratidão pelo dia de hoje.

....
....
....
....
....
....
....
....
....
....
....
....
....
....

31 de julho

Oração de gratidão

"Que a minha vida seja livre de padrões destrutivos, maus hábitos e atos impensados. Que a gratidão que tenho pela minha vida em minhas realizações permita que eu caminhe com a mente aberta e promova desenvolvimento e renovação para mim e para todos os que me cercam."

Escreva abaixo o seu motivo de gratidão pelo dia de hoje.

AGOSTO

1º de agosto

Você pode curar uma relação difícil olhando para ela de fora, em perspectiva. O que você pode aprender sobre você a partir desse contexto? Ao identificar, agradeça essa percepção. Ninguém está em nossa vida por acaso.

Escreva abaixo o seu motivo de gratidão pelo dia de hoje.
....
....
....
....
....
....
....
....
....
....
....
....
....

2 de agosto

Quer ser uma pessoa mais grata? Que tal começar saindo do piloto automático? Procure novas formas e motivos para agradecer.

Escreva abaixo o seu motivo de gratidão pelo dia de hoje.

3 de agosto

O sentimento de gratidão pode ser estimulado a partir de pequenas atitudes como focar o pensamento no agora. Ao fazer isso, você tem mais instantes de felicidade e prazer ao longo do dia.

Escreva abaixo o seu motivo de gratidão pelo dia de hoje.

4 de agosto

Agradeça ao pai que se doa para conduzir o filho pelo compasso da vida. Agradeça ao pai cuja figura existe para que você aprenda algo importante para a sua evolução.

Escreva abaixo o seu motivo de gratidão pelo dia de hoje.

5 de agosto

A gratidão tem poderes especiais. Quem sabe um agradecimento tardio vá motivar alguém que já estava se sentindo sem forças para continuar? Pode dar também um novo ânimo à vida de quem fez muito mais e que agora se encontra desanimado e desacreditado. Quem sabe não é o seu ato de gratidão que essa pessoa precisa para saber que ela foi e é importante? A vida é movida por estímulos, e a gratidão é o maior deles.

Escreva abaixo o seu motivo de gratidão pelo dia de hoje.

6 de agosto

Pessoas gratas são doces guerreiras, são simples e fazem de cada conquista um motivo especial de comemoração.

Escreva abaixo o seu motivo de gratidão pelo dia de hoje.

7 de agosto

A gratidão é um exercício diário que deve ser realizado com muita disciplina. Não é fácil ser grato na dor, no trauma, na perda. Mas acredite: é possível.

Escreva abaixo o seu motivo de gratidão pelo dia de hoje.

8 de agosto

A gratidão é uma cola que te une ao seu benfeitor, permitindo que você procure a mesma fonte diversas vezes, sabendo que ela não seca nunca.

Escreva abaixo o seu motivo de gratidão pelo dia de hoje.

9 de agosto

Exercício de gratidão

Que tal fazer um elogio sincero a uma pessoa que você admira? Essa é também uma forma de gratidão. Você pode ser grato por ela simplesmente inspirar você ou então por ter participado de alguma situação que foi importante para você.

Escreva abaixo o seu motivo de gratidão pelo dia de hoje.

....
....
....
....
....
....
....
....
....
....
....
....
....

10 de agosto

Tão importante quanto dizer "muito obrigado!" é ser grato em sua própria consciência. Agradeça sem palavras, em seu coração. O sentimento interno de gratidão resulta da constatação imediata de que a vida está bem e de que você está bem.

Escreva abaixo o seu motivo de gratidão pelo dia de hoje.

11 de agosto

O agradecimento liberta do desejo. Graças a ele, o indivíduo evita a dor psicológica causada por esperanças divorciadas da realidade. Agradecer é uma opção voluntária que produz uma liberdade invisível diante do karma futuro e do karma presente.

Escreva abaixo o seu motivo de gratidão pelo dia de hoje.

....
....
....
....
....
....
....
....
....
....
....
....
....
....

12 de agosto

A gratidão transforma um coração de pedra em coração de carne. Não é somente um sentimento; é ação e execução do amor e da paz. Ela muda a forma de viver e afeiçoa o semblante dos que fazem uso dela. Funciona como um elo de ligação e compaixão.

Escreva abaixo o seu motivo de gratidão pelo dia de hoje.

13 de agosto

"Sejamos gratos, pois se não aprendemos muito hoje, pelo menos aprendemos um pouco; se não aprendemos um pouco, pelo menos não ficamos doentes; e se ficamos doentes, pelo menos não morremos; portanto, sejamos todos gratos." Sidarta Gautama, o Buda[6].

Escreva abaixo o seu motivo de gratidão pelo dia de hoje.
....
....
....
....
....
....
....
....
....
....
....

[6] FRASES de gratidão. Mensagens com amor. Disponível em: https://www.mensagenscomamor.com/mensagem/556390. Acesso em: 4 out. 2022.

14 de agosto

Se você for grato pelo único motorista gentil que encontrou hoje no trânsito, outros motoristas gentis cruzarão o seu caminho com mais frequência, atraídos pela sua energia de gratidão. Se você se sentir grato pela moeda que encontrar hoje no chão, mais dinheiro virá para sua mão, atraído pela sua energia de gratidão.

Escreva abaixo o seu motivo de gratidão pelo dia de hoje.

15 de agosto

Dia da gestante

Pensamentos como: "Eu não sou capaz", "Eu não consigo", "Eu não mereço" são resultantes de frases que foram ouvidas em algum momento da vida que foram registradas como verdade. Importante para todas as mães que carregam um bebê em seu ventre saberem disso e estimularem seus filhos, desde pequenos, com crenças que os elevem e os façam se sentirem gratos por quem são.

Escreva abaixo o seu motivo de gratidão pelo dia de hoje.

....
....
....
....
....
....
....
....
....
....
....

16 de agosto

A gratidão liberta. Traz sentimentos que ainda não possuímos. Tem o poder de curar a alma e romper a grossa couraça que formamos com a desilusão.

Escreva abaixo o seu motivo de gratidão pelo dia de hoje.

17 de agosto

A gratidão favorece os relacionamentos. Abre na mente as portas do perdão e da reconciliação. Ela extirpa o ódio e a indiferença por trazer sabedoria e compaixão às relações.

Escreva abaixo o seu motivo de gratidão pelo dia de hoje.

18 de agosto

Paz e amor necessitam de terreno fértil para crescer e se desenvolver. Esse terreno é o campo da gratidão. É na gratidão que se aceita os diferentes e as diferenças; onde a indiferença se desfaz e se tem de volta o gosto da afeição e da harmonia.

Escreva abaixo o seu motivo de gratidão pelo dia de hoje.
....
....
....
....
....
....
....
....
....
....
....
....
....

19 de agosto

Nem sempre é fácil não ter aquilo que desejamos. Mas nem tudo o que queremos é, de fato, aquilo de que precisamos. Quando as coisas parecerem difíceis, agradeça o momento e a oportunidade que o Universo está lhe dando para abrir os olhos e aprender com a situação que se apresenta.

Escreva abaixo o seu motivo de gratidão pelo dia de hoje.

....
....
....
....
....
....
....
....
....
....
....
....
....

20 de agosto

Ao seguir o seu coração, você vai ficar cada vez mais conectado com a sua essência. Sua vida se transforma e a prosperidade chega a todos os campos. Seguir o coração é uma forma de expressar sua fé na vida. É uma forma de agradecer a sua criança interna, que é a expressão divina em você.

Escreva abaixo o seu motivo de gratidão pelo dia de hoje.

21 de agosto

O exato oposto do agradecimento é o desejo pessoal intenso. O budismo ensina que o desejo é uma fonte central de infelicidade. A emoção do desejo normalmente traz consigo ilusão e forma um círculo vicioso de ansiedades e frustrações que terminam por produzir apenas desânimo. O agradecimento, em contrapartida, abre seus olhos para a realidade e forma um círculo virtuoso de paz, de certeza de que tudo está como deveria estar e caminha para o melhor sempre.

Escreva abaixo o seu motivo de gratidão pelo dia de hoje.

....
....
....
....
....
....
....
....
....
....
....
....

22 de agosto

Tudo tem sua hora para acontecer, todo trabalho gera um resultado no final. Toda procura se acha, toda oração é atendida. Em vez de se desesperar quando algo não acontecer no seu tempo, agradeça pelo que está acontecendo. Certamente é o que você precisa viver para a sua evolução antes de desfrutar daquilo que almeja – ou até mesmo para saber aproveitar melhor aquilo que quer conquistar.

Escreva abaixo o seu motivo de gratidão pelo dia de hoje.

....
....
....
....
....
....
....
....
....
....
....

23 de agosto

A gratidão é também uma atitude dinâmica em que se retribui em ações o que se tem recebido. É como exercitar qualquer músculo do seu corpo. Assim como você vai deixando o seu corpo condicionado, você também se condiciona a ser grato. Quanto mais a gratidão é praticada, mais ela será sentida espontaneamente.

Escreva abaixo o seu motivo de gratidão pelo dia de hoje.

24 de agosto

A gratidão faz você construir ao redor do seu corpo vital uma energia positiva poderosa e com alta frequência vibracional. Pratique a gratidão por tudo aquilo que você tem e pare de apenas desejar o que ainda não possui. Essa é a melhor forma de praticar a verdadeira satisfação.

Escreva abaixo o seu motivo de gratidão pelo dia de hoje.

25 de agosto

A leveza que o sentimento de gratidão oferece é incomparável. Faz fluir no seu ser o amor incondicional por tudo e por todas as graças divinas. A gratidão o faz entrar em contato com o milagre da vida e torna claro porque você está aqui e agora. Você passa a compreender o sofrimento como bênção que o impulsiona ao crescimento espiritual.

Escreva abaixo o seu motivo de gratidão pelo dia de hoje.

....
....
....
....
....
....
....
....
....
....
....
....

26 de agosto

"Que permaneça em mim essa gratidão a cada manhã que nasce. Essa felicidade de poder abrir os olhos e ouvir do céu: hoje tudo vai dar certo."

Escreva abaixo o seu motivo de gratidão pelo dia de hoje.

27 de agosto

Veja a gratidão como uma disposição. Um estilo de vida que independe da sua situação atual. Concentre-se em ser grato por toda e qualquer circunstância, pois essa atitude amplia sua capacidade de vivenciar, aproveitar e resolver o que a vida lhe apresentar.

Escreva abaixo o seu motivo de gratidão pelo dia de hoje.

....
....
....
....
....
....
....
....
....
....
....
....
....
....

28 de agosto

Ser grato é revigorante! A gratidão é um sentimento que dissolve maus pensamentos, melhora o fluxo respiratório, que faz o coração bater em uma cadência suave.

Escreva abaixo o seu motivo de gratidão pelo dia de hoje.

29 de agosto

A gratidão estabelece um diálogo entre a razão e a emoção. É, sem dúvida, a essência da sabedoria e do amadurecimento. Não somente interfere na sua vida como também na dos outros seres que convivem com você. Com ela, você cria um ambiente sensível e agradável. A gratidão é a maneira mais prática de dizer: "eu te amo" ou " estou contigo".

Escreva abaixo o seu motivo de gratidão pelo dia de hoje.

30 de agosto

Você pode agradecer com palavras, atitudes, pensamentos. Como você pode transformar a vida das pessoas, hoje, por meio dos gestos de gratidão?

Escreva abaixo o seu motivo de gratidão pelo dia de hoje.

31 de agosto

Uma gratidão espontânea surge inevitavelmente quando você percebe que a vida biológica não lhe pertence. Ela constitui uma dádiva provisória. Ela é colocada ao seu alcance para que você possa aprender a ter sabedoria no processo cíclico para o qual os seres são convidados durante algum tempo. Você é hóspede, e não proprietário. E por ser hóspede, você deve agradecer.

Escreva abaixo o seu motivo de gratidão pelo dia de hoje.

....
....
....
....
....
....
....
....
....
....
....
....

SETEMBRO

1º de setembro

Mentalize mantras. Mantras são palavras específicas usadas para alcançar um propósito. Eles focam a mente em um objetivo escolhido, incitando a reflexão. Um mantra ajuda a diminuir sentimentos de estresse e ansiedade. Esse estado mais relaxado permite que você consiga olhar para as situações da vida com uma nova perspectiva, desenvolvendo o sentimento de gratidão.

Escreva abaixo o seu motivo de gratidão pelo dia de hoje.

2 de setembro

Ninguém deseja ser triste ou se afundar em decepções. Então, se estiver se sentindo mal, abra seu coração para as respostas e deixe que elas cheguem a você. Faça da gratidão um veículo para simplesmente poder entender o fluxo da vida e seguir com leveza.

Escreva abaixo o seu motivo de gratidão pelo dia de hoje.
....
....
....
....
....
....
....
....
....
....
....
....
....

3 de setembro

Os seres humanos têm a tendência a se adaptar rapidamente às situações positivas. Assim, algo que é muito bom deixa de ser novidade rapidamente. Digamos que você sonha em ter um carro. Alguns meses depois de comprá-lo e vivenciar o sentimento de conquista e satisfação, ele passa a fazer parte da rotina e já não gera mais encantamento. O olhar se volta novamente para os problemas e para o que está faltando. Parar para pensar e reconhecer as conquistas ao longo dos últimos meses e anos é uma forma de agradecer.

Escreva abaixo o seu motivo de gratidão pelo dia de hoje.

....
....
....
....
....
....
....
....
....
....
....

4 de setembro

Talvez nossa gratidão seja direcionada para o que é familiar, para aquilo que conhecemos. Assim como pode ser voltada para aquilo que nunca conheceremos. No final das contas, o fato de termos coragem para continuar firmes, de pé, é razão suficiente para celebrar.

Escreva abaixo o seu motivo de gratidão pelo dia de hoje.

5 de setembro

Dia internacional da caridade

Uma maneira de manifestar gratidão, segundo o budismo, é fazer pelas pessoas o que gostaríamos que fizessem por nós. Às vezes, até mais.

Escreva abaixo o seu motivo de gratidão pelo dia de hoje.
....
....
....
....
....
....
....
....
....
....
....
....
....
....

6 de setembro

A gratidão impacta o cérebro de quem a recebeu. Expressar a gratidão a alguém mantém essa pessoa interessada em você e faz com que ela invista no relacionamento a longo prazo. Faz com que o tempo que ela investiu, o seu esforço e as dificuldades pareçam ter valido a pena.

Escreva abaixo o seu motivo de gratidão pelo dia de hoje.

7 de setembro

Independência do Brasil

Creia: a felicidade não está no futuro. Você é feliz pelas amizades que tem ou pelas amizades que terá? Você é feliz pelas coisas que já construiu ou pelas coisas que, talvez, construirá? Você é feliz pela pessoa que ama ou pela pessoa que um dia, quem sabe, encontrará? Essas perguntas simplificam tudo: a felicidade está no presente!

Escreva abaixo o seu motivo de gratidão pelo dia de hoje.

8 de setembro

"Agradeço ao universo por ter trazido e materializado em minha vida aquilo que desejei um dia. Tenho em mim serenidade e confiança de que aquilo que desejo hoje será realidade amanhã."

Escreva abaixo o seu motivo de gratidão pelo dia de hoje.

....
....
....
....
....
....
....
....
....
....
....
....
....
....

9 de setembro

A gratidão limpa a alma, enquanto a ingratidão a deixa suja e pesada.

Escreva abaixo o seu motivo de gratidão pelo dia de hoje.

10 de setembro

Dia mundial da prevenção do suicídio

A opção pelo agradecimento nos liberta da falta de vontade. Ela constitui um modo eficaz de celebrar a vida. Cada parte do Universo vive pulsando. Todos os seres interagem e cooperam entre si.

Escreva abaixo o seu motivo de gratidão pelo dia de hoje.

....
....
....
....
....
....
....
....
....
....
....
....
....
....

11 de setembro

Sinta gratidão por tudo que recebe e sinta-se rico de bênçãos. Shakespeare dizia que "a gratidão é o tesouro dos humildes" e, convenhamos, o escritor estava certo.

Escreva abaixo o seu motivo de gratidão pelo dia de hoje.

12 de setembro

A abundância é algo que você tem sem ter pedido. Talvez esteja procurando sem se dar conta de que simplesmente basta você fazer tudo o que pode com aquilo que tem, e ela será acionada em sua vida.

Escreva abaixo o seu motivo de gratidão pelo dia de hoje.

13 de setembro

Tenha gratidão pelo seu trabalho, pois ele é um meio de você se relacionar, direta ou indiretamente, com tantas pessoas, e de impactar a vida delas. Ele também te dá a possibilidade de aprender algo novo todos os dias. É a gratidão que permite que você se supere, que produza sob pressão, que lide com as diferenças. É ela que te dá a oportunidade de exercitar a tolerância e de aceitar tanto o outro quanto todo tipo de situação. Tudo isso gera aprendizado, oportunidade de crescimento e resiliência.

Escreva abaixo o seu motivo de gratidão pelo dia de hoje.

14 de setembro

Quando você estiver em um momento de muita ansiedade, com muita vontade de realizar alguma coisa, pare e observe a sua vida como um todo. Procure ver tudo o que você conquistou. Todas essas coisas já estiveram no plano do pensamento. Visualize que é possível concretizar o que você deseja, e agradeça ao Universo por conectar e encaminhar você para a realização dos seus sonhos.

Escreva abaixo o seu motivo de gratidão pelo dia de hoje.

15 de setembro

Pessoas que sentem inveja e criticam aqueles que muito têm, acabam atraindo a mesma energia para si. Ou seja, nunca terão nada, pois consideram os outros como não merecedores. Elas não acreditam na lei do merecimento. Pode reparar: uma pessoa grata sempre atrai coisas boas para si e está sempre pronta para fazer o bem. Ela tem a certeza de que só praticando o bem é que receberá o bem de volta.

Escreva abaixo o seu motivo de gratidão pelo dia de hoje.

16 de setembro

Reconhecer seus confortos materiais é uma forma de gratidão, por mais simples que sejam. Já pensou como seria a sua vida sem eles? Se eles tornam sua vida melhor, agradeça por esses pequenos luxos e benefícios que a vida gentilmente lhe deu. Que tal fazer uma lista do que torna sua vida mais agradável? Certamente você vai se dar conta de que tem muito mais do que imagina.

Escreva abaixo o seu motivo de gratidão pelo dia de hoje.
....
....
....
....
....
....
....
....
....
....
....
....
....

17 de setembro

Assim como escovar os dentes ou se alimentar, a gratidão precisa fazer parte da sua rotina. Por meio dela você conseguirá ter a melhor qualidade de vida, pois até seus piores dias serão permeados por esse sentimento da mais alta vibração.

Escreva abaixo o seu motivo de gratidão pelo dia de hoje.

18 de setembro

Quer atrair algo de bom para sua vida? Então, pare um instante o ritmo acelerado dos pensamentos. Comece a pensar em tudo o que ama e tudo o que foi bom para você na última semana, no último mês, no último ano. Desfrute da paz em saber que a vida conspira a seu favor.

Escreva abaixo o seu motivo de gratidão pelo dia de hoje.

19 de setembro

A gratidão promove a reciprocidade. O espírito de solidariedade cria asas. As amarras do coração vão se desfazendo e dão lugar a elos de ligação, puxados por laços de amor. O favorecimento é mútuo, e a gratidão só vai ressaltar a pessoa que você está se tornando. A gratidão tem poderes especiais.

Escreva abaixo o seu motivo de gratidão pelo dia de hoje.

20 de setembro

A vida se torna muito mais bonita quando você agradece a felicidade dos outros. Dessa forma, você vai tirar, pouco a pouco, do seu coração, um sentimento muito prejudicial: a inveja.

Escreva abaixo o seu motivo de gratidão pelo dia de hoje.

21 de setembro

Dia da árvore

A árvore é um símbolo de fortaleza, de abundância; é uma expressão clara de como a vida é em sua essência: um caminho de crescimento, sempre para o alto, sempre expandindo e dando frutos. Agradeça à natureza que te ensina lições de como viver.

Escreva abaixo o seu motivo de gratidão pelo dia de hoje.

22 de setembro

Praticar a gratidão é abrir os olhos para as coisas mais banais da vida e, ainda assim, ver a beleza delas. O passarinho que canta de manhã, a palavra amiga de alguém que se importa com você, uma piada engraçada etc. Prestar atenção em tudo isso faz você desenvolver um estado de presença, traz a percepção de como esse momento é único. Sinta-se realmente feliz por poder viver essa experiência que deixa a vida mais gostosa.

Escreva abaixo o seu motivo de gratidão pelo dia de hoje.

....
....
....
....
....
....
....
....
....
....
....

23 de setembro

É a ingratidão que faz você ver o copo meio vazio. É o que lhe causa insatisfação, ansiedade e o que faz você estar sempre reclamando. Ela te torna míope diante dos milagres diários da vida. Pense em quanta coisa boa passa e já passou pela engrenagem da vida; todas as coisas que possibilitaram o que você está vivenciado no aqui e agora.

Escreva abaixo o seu motivo de gratidão pelo dia de hoje.

....
....
....
....
....
....
....
....
....
....
....
....
....

24 de setembro

A gratidão leva você a construir um padrão de pensamento fortalecedor. Essa reconciliação o conecta com vibrações sublimes que fortalecem a sua fé. Ter gratidão é renovar a esperança todos os dias.

Escreva abaixo o seu motivo de gratidão pelo dia de hoje.

25 de setembro

Exercício da gratidão

Trabalhe suas crenças limitantes. Analise o que está por trás de uma situação que se repete em sua vida. Como você vê essa situação? Como poderia mudar a forma de encará-la? Onde está a fonte dessa questão dentro de você? Talvez você precise de uma ajuda especializada – um terapeuta, por exemplo – para fazer esse caminho. Certamente, esse processo trará consciência para sua vida e ajudará você a se abrir para a gratidão.

Escreva abaixo o seu motivo de gratidão pelo dia de hoje.

....
....
....
....
....
....
....
....
....
....
....
....

26 de setembro

A gratidão é necessária ao espírito humano não só no aspecto ético, mas também no aspecto emocional. Agradecer as bênçãos recebidas da divina mão, alegra, anima e fortalece a alma. Ela o afasta dos problemas reais ou imaginários e o aproxima de Deus, seja Ele da maneira que você quiser visualizar.

Escreva abaixo o seu motivo de gratidão pelo dia de hoje.

27 de setembro

Dia do idoso

Aprenda a ser grato pela sabedoria que você adquiriu ao longo do tempo. Agradeça os machucados que o fizeram exercitar a coragem de cuidar de si e cicatrizá-los. Seja grato pelo seu passado: ele te trouxe ao seu presente. Seja grato ao tempo: ele te ensinou muito.

Escreva abaixo o seu motivo de gratidão pelo dia de hoje.

28 de setembro

A gratidão é capaz de reduzir uma infinidade de emoções tóxicas, como inveja, ressentimento, frustração e arrependimento. A gratidão aumenta efetivamente a felicidade e ajuda a lidar com a depressão.

Escreva abaixo o seu motivo de gratidão pelo dia de hoje.

29 de setembro

Se tem emprego, agradeça o seu ganha pão. Se não tem, agradeça por ter saúde para procurar uma vaga.

Escreva abaixo o seu motivo de gratidão pelo dia de hoje.

30 de setembro

A expressão "dê graças" aparece várias vezes na Bíblia. Ter atitudes de gratidão é o conselho de Deus para que nós tenhamos boa saúde física e mental.

Escreva abaixo o seu motivo de gratidão pelo dia de hoje.

....
....
....
....
....
....
....
....
....
....
....
....
....
....
....

OUTUBRO

1º de outubro

A prática da meditação permite que você tenha autoconhecimento verdadeiro e por meio dela é possível liberar o sentimento de gratidão que, muitas vezes, está trancado dentro de você.

2 de outubro

Dia do anjo da guarda

Agradeça aos anjos por todo bem que eles estão trazendo para você. Procure fazer continuamente uma pausa em agradecimento pelo surpreendente processo da vida. O negativo deixa de existir toda vez que você se conecta com as energias de bondade que cuidam de todos os seres. Elas estão sempre presentes e ainda mais próximas quando você se sintoniza na vibração dela.

Escreva abaixo o seu motivo de gratidão pelo dia de hoje.

3 de outubro

Agradecer até mesmo pelos desafios que se tem na vida o permite compreender melhor sua passagem pelo Universo. Permite aceitar os fatos e a superar as dificuldades. Quando se tem em mente que tudo é aprendizado, a gratidão acaba fazendo parte dessa dinâmica, porque é a forma que você tem de reconhecer que tudo o que acontece tem como objetivo a sua evolução.

Escreva abaixo o seu motivo de gratidão pelo dia de hoje.
....
....
....
....
....
....
....
....
....
....
....
....

4 de outubro

Dia de São Francisco de Assis e dia mundial dos animais

A gratidão não é um sentimento exclusivo dos humanos. Constatação comum de quem adotou animais abandonados que antes estavam à mercê de violência nas ruas. Eles têm um comportamento doce, que demonstra gratidão pelo resgate.

Escreva abaixo o seu motivo de gratidão pelo dia de hoje.

....
....
....
....
....
....
....
....
....
....
....
....
....

MINHA GRATIDÃO DIÁRIA

5 de outubro

A paz já está disponível em todo Universo. Ela não necessita ser almejada no plano espiritual. Ela precisa, sim, ser acessada e vivida. Portanto, podemos dizer: "Agradeço à paz que é a essência da vida e onde posso repousar, certo de que vou cumprir os planos da minha existência em harmonia".

Escreva abaixo o seu motivo de gratidão pelo dia de hoje.

....
....
....
....
....
....
....
....
....
....
....
....
....

6 de outubro

Se você nunca está satisfeito com o que tem, se sempre quer mais, nunca estará feliz. Claro que desejar e conquistar move as pessoas para a frente. Mas cuide para que seus dias não sejam angustiantes. Pitadas de gratidão diárias ajudam a temperar o desejo com satisfação e a tornar a jornada menos pesada e mais plena.

Escreva abaixo o seu motivo de gratidão pelo dia de hoje.

7 de outubro

"Tenho muita gratidão a todas as tempestades, todas as velas rasgadas, todas as paradas nos diversos portos da vida para reconstruir o meu barco. Hoje sou comandante da minha vida, a qual conduzo com alegria."

Escreva abaixo o seu motivo de gratidão pelo dia de hoje.

....
....
....
....
....
....
....
....
....
....
....
....
....

8 de outubro

Gratidão pressupõe empatia e humildade. Ser grato é uma atitude de humildade, de saber que faz parte de uma grande engrenagem e que tudo o que acontece é resultado de uma rede de ações de diversas pessoas. Ser grato é saber que não se consegue nada sozinho.

Escreva abaixo o seu motivo de gratidão pelo dia de hoje.
....
....
....
....
....
....
....
....
....
....
....
....
....

9 de outubro

Gratidão é o que você tem para hoje e para todos os outros dias também. É um reconfortante sentimento, por isso, decida parar de reclamar – afinal você tem muito mais milagres em sua vida do que tem consciência.

Escreva abaixo o seu motivo de gratidão pelo dia de hoje.

....
....
....
....
....
....
....
....
....
....
....
....
....

10 de outubro

Regue o progresso a cada dia, agradecendo tudo o que lhe acontece. Fique aberto a novas energias pois, com elas, novas oportunidades chegarão!

Escreva abaixo o seu motivo de gratidão pelo dia de hoje.

....
....
....
....
....
....
....
....
....
....
....
....
....
....

11 de outubro

Há tempos, o homem se pergunta qual o segredo da felicidade. A resposta é: gratidão. Se você se concentrar apenas naquilo que não tem, nada será o suficiente. Seus sentimentos são reflexos daquilo que você pensa, daquilo em que você coloca foco.

Escreva abaixo o seu motivo de gratidão pelo dia de hoje.

12 de outubro

Dia de Nossa Senhora Aparecida e dia das crianças

A gratidão começa a ser assimilada por uma criança quando ela entende o valor de pequenas trocas e gentilezas. Quando você cria uma criança com empatia, não está só a ajudando a viver em sociedade; está estimulando a capacidade dela de ser feliz, de viver conectada e ciente do seu papel no mundo.

Escreva abaixo o seu motivo de gratidão pelo dia de hoje.

....
....
....
....
....
....
....
....
....
....
....
....
....

13 de outubro

Se você não for capaz de reconhecer e agradecer a quem o ajudou, nada terá aprendido.

Escreva abaixo o seu motivo de gratidão pelo dia de hoje.
....
....
....
....
....
....
....
....
....
....
....
....
....
....

14 de outubro

Quando você dá algo a alguém, coloque nessa atitude a intenção de oferecer condições para que o outro cresça, amadureça e fortaleça em si o sentimento de gratidão. Não, você não pode garantir que a pessoa receberá sua ajuda assim, mas garante que sua motivação para doar seja contribuir com a evolução das pessoas.

Escreva abaixo o seu motivo de gratidão pelo dia de hoje.

....
....
....
....
....
....
....
....
....
....
....
....

15 de outubro

Dia do professor

Seja grato pelos seus mentores. Sejam eles espirituais, seus pais, professores, mestres ou quem você admira.

Escreva abaixo o seu motivo de gratidão pelo dia de hoje.

16 de outubro

A gratidão é a via que devolve a relação de amor à vida. Com ela, você alivia o fardo que carrega e que muitas vezes está relacionado a suas falhas, erros e retrocessos. A gratidão te dá outra perspectiva, e também a compreensão de que a vida foi como deveria ser.

Escreva abaixo o seu motivo de gratidão pelo dia de hoje.

17 de outubro

Do ponto de vista financeiro, pense nas vezes em que ficou sem emprego ou sem dinheiro. Certamente você passou não apenas a valorizar mais o que tinha, como a entender que algumas coisas não eram tão ruins. Talvez o emprego não fosse tão chato, o trabalho não fosse tão cansativo, o salário fosse o suficiente para sobrar e investir. Se você teve e deixou de ter, há algum aprendizado a se obter com isso. Seja grato e consciente para evoluir e multiplicar suas bênçãos.

Escreva abaixo o seu motivo de gratidão pelo dia de hoje.

....
....
....
....
....
....
....
....
....
....
....
....

18 de outubro

Exercício de gratidão

Sempre que possível expresse gratidão às pessoas responsáveis por terem proporcionado momentos de felicidade na sua vida. De um simples "muito obrigado" até uma carta ou presente, isso fará bem para você e para quem receberá a gratidão. Essa é uma ótima oportunidade de criar laços mais fortes com essa pessoa.

Escreva abaixo o seu motivo de gratidão pelo dia de hoje.

19 de outubro

Lembre-se do que já passou despercebido em sua vida. Quantas bênçãos você tem e a que nem dá mais valor?

Escreva abaixo o seu motivo de gratidão pelo dia de hoje.

20 de outubro

Todas as manhãs, ao acordar, respire fundo e diga em voz alta a palavra mágica: "Obrigado(a)!".

Escreva abaixo o seu motivo de gratidão pelo dia de hoje.

21 de outubro

A gratidão alivia sentimentos negativos como o ressentimento. Ela pode até mesmo diminuir a frequência de episódios de tristeza. Tenha gratidão pelo que já tem e aprenda a aceitar melhor o que não pode ser mudado.

Escreva abaixo o seu motivo de gratidão pelo dia de hoje.

22 de outubro

Esta é uma realidade que podemos ver todos os dias: só faz o bem quem reconhece que recebeu o bem. Quem se sente impulsionado a espalhar a semente que germina e produz bondade nos corações. Quem não tem esse sentimento, age de forma mecânica e não vê razão para ajudar o próximo, pois não reconhece o quanto já foi ajudado.

Escreva abaixo o seu motivo de gratidão pelo dia de hoje.

23 de outubro

A gratidão não é somente agradecer por algumas dádivas. É mais profunda do que isso. É aceitar que você é carente de perdão, paz, amor e acolhimento, mas saber que recebe tudo isso de Deus.

Escreva abaixo o seu motivo de gratidão pelo dia de hoje.

24 de outubro

Exercitar a gratidão eleva emoções positivas de vitalidade e satisfação. Isso não significa ignorar os aspectos que precisam ser trabalhados e melhorados em outras esferas da vida. Ao mesmo tempo em que é preciso ser grato, é fundamental estar em constante evolução e desenvolvimento pessoal.

Escreva abaixo o seu motivo de gratidão pelo dia de hoje.
....
....
....
....
....
....
....
....
....
....
....
....
....

MINHA GRATIDÃO DIÁRIA

25 de outubro

É comprovado cientificamente que ser grato pode causar grandes mudanças, inclusive no cérebro. Gratidão é uma virtude dinâmica em que se retribui em ações o que foi recebido. Ela o coloca em movimento!

Escreva abaixo o seu motivo de gratidão pelo dia de hoje.
....
....
....
....
....
....
....
....
....
....
....
....
....

26 de outubro

Pequena oração de gratidão

"Senhor Deus, hoje eu não quero pedir nada. Porque já pedi muito e muito me foi dado. Eu só quero agradecer. Muito obrigado!"

Escreva abaixo o seu motivo de gratidão pelo dia de hoje.

....
....
....
....
....
....
....
....
....
....
....
....
....
....

27 de outubro

Agradecer é se dar de presente uma carga de energia. Experimente: quando estiver para baixo, comece a agradecer e vivencie a renovação da sua disposição, a capacidade que você tem de se conectar com uma frequência mais alta e positiva faz você voltar à plena forma.

Escreva abaixo o seu motivo de gratidão pelo dia de hoje.

28 de outubro

Toda novidade vem para o nosso crescimento. Portanto, se a sua vida não é mais a mesma ou até se mudou de repente, aceite. Olhe com curiosidade e abertura para os próximos capítulos. Essa também é uma forma de agradecer.

Escreva abaixo o seu motivo de gratidão pelo dia de hoje.

29 de outubro

Tudo o que acontece em sua vida é motivo para que você agradeça. Se algo aconteceu hoje, agradeça, independentemente do que tenha sido. Saiba que, praticando isso, você terá noites mais calmas e conseguirá dormir com a consciência tranquila. Tenha o hábito de encontrar pontos de agradecimento em cada acontecimento. Isso faz com que você possa ter noites mais tranquilas e durma com a consciência em paz.

Escreva abaixo o seu motivo de gratidão pelo dia de hoje.

30 de outubro

Por que você deve expressar a gratidão mesmo se os outros não fizerem isso? Considere apenas um motivo: ao fazer o bem aos que não têm gratidão no coração, você está plantando essa semente. A Bíblia diz que mesmo que muitos não valorizem o amor de Jeová, isso não o impede de fazer o bem a eles, como podemos ver em Romanos 5:8.

Escreva abaixo o seu motivo de gratidão pelo dia de hoje.

....
....
....
....
....
....
....
....
....
....
....
....
....

31 de outubro

Pare. Olhe. Avalie. Desperte.
Nunca é tarde para perceber o quanto sua vida é abençoada.

Escreva abaixo o seu motivo de gratidão pelo dia de hoje.

NOVEMBRO

1º de novembro

Faça uma lista com as coisas pelas quais você é grato. Leia em voz alta cada frase e perceba a sensação que lhe percorre enquanto fala.

Escreva abaixo o seu motivo de gratidão pelo dia de hoje.

2 de novembro

Dia de finados

A maior homenagem às pessoas que você perdeu não é a tristeza, mas sim a gratidão. Seja grato por seus caminhos terem se cruzado e pela oportunidade de vivenciar algo maravilhoso desse encontro.

Escreva abaixo o seu motivo de gratidão pelo dia de hoje.

....
....
....
....
....
....
....
....
....
....
....
....
....
....

3 de novembro

A gratidão é algo que você precisa exercitar. Assim como um exercício físico, você consegue ver os benefícios dela, pois ela eleva sua qualidade de vida para melhor. Quanto mais gratidão, maior a beleza da vida; quanto mais você a vivencia, mais faz com que ela se mantenha presente; quanto mais se atenta aos bons sinais da vida, mais feliz se sente.

Escreva abaixo o seu motivo de gratidão pelo dia de hoje.

4 de novembro

Seja grato pelo dia que nasce e pelo dia que se finda. Tudo acontece exatamente da forma que precisa acontecer. Seja grato pelo amor que você foi capaz de doar e pelo sonho que foi capaz de acolher. Agradeça pelas pessoas que já não estão mais na sua vida. Outras virão para serem importantes na sua jornada de evolução. Agradeça a todas as mudanças pelas quais você foi obrigado a passar, pois elas são parte do seu crescimento e da construção de uma nova parte de você.

Escreva abaixo o seu motivo de gratidão pelo dia de hoje.

....
....
....
....
....
....
....
....
....
....
....

5 de novembro

Dia da ciência e da cultura

A neurociência fala sobre como a gratidão está diretamente relacionada com a felicidade. Quando alguém se sente grato, o sistema de recompensa do cérebro é ativado e proporciona uma sensação de bem-estar. Dessa forma, o cérebro entende que algo positivo está acontecendo e libera dopamina, o neurotransmissor responsável pela sensação de prazer. A dopamina é a substância que motiva as pessoas a irem em busca de seus objetivos e sonhos. Ela faz parte do ciclo de realização: quanto mais o indivíduo se sente feliz e realizado, mais seu organismo sente a necessidade de realizar outras metas. Quanto mais esse processo é reforçado, mais ele se desenvolve no seu corpo.

Escreva abaixo o seu motivo de gratidão pelo dia de hoje.

....
....
....
....
....
....
....
....
....

6 de novembro

Dia nacional do riso

O bom humor é a disposição de quem é grato. Pessoas sem capacidade de sorrir, de gargalhar, não conseguem ver graça na vida. Não estão abertas a vivenciar e aproveitar a beleza e a leveza do que pode ser viver agradecido.

Escreva abaixo o seu motivo de gratidão pelo dia de hoje.

7 de novembro

Um canal de autoamor, que o faz apreciar suas próprias qualidades, é a gratidão por tudo o que você é: suas capacidades, seus potenciais, seu corpo, sua forma de ser no mundo. Agradeça pelo ser único que você é, diferente de todos os outros, portanto especial e com um papel único neste planeta.

Escreva abaixo o seu motivo de gratidão pelo dia de hoje.

8 de novembro

Tenha compreensão de que, às vezes, não é possível entender a visão do outro nem as limitações do outro. Quando se é capazes disso, talvez algo de que discorde passe a fazer sentido. Procure exercitar o seu olhar em perspectiva, vendo como essa pessoa pode contribuir de fato em sua vida. Deixe de lado as expectativas exacerbadas de querer que as pessoas sejam como no seu mundo ideal. Dessa forma, conseguirá sintonizar aquilo que cada um pode oferecer, dentro de suas limitações, e também será grato por aquilo que só aquela pessoa pode oferecer, mesmo que seja pouco, pode ser muito valioso.

Escreva abaixo o seu motivo de gratidão pelo dia de hoje.

....
....
....
....
....
....
....
....
....
....
....

9 de novembro

Agradecer expande a mente e o coração, te tornando livre, ampliando suas possibilidades e te fazendo voar para onde desejar, pois faz brotar dentro de você a certeza de que tudo é possível.

Escreva abaixo o seu motivo de gratidão pelo dia de hoje.
....
....
....
....
....
....
....
....
....
....
....
....
....
....
....

10 de novembro

Não existe hora certa para você reconhecer que a existência do outro agrega e que a sua história percorrida merece reverência. A quem você vai agradecer hoje? Você pode dizer obrigado com todas as letras e com um sorriso, um abraço ou uma simples atenção.

Escreva abaixo o seu motivo de gratidão pelo dia de hoje.

....
....
....
....
....
....
....
....
....
....
....
....
....
....

11 de novembro

Seus sentimentos são resultado daquilo que você pensa. Por isso, estar feliz não é resultado da mente. Sintonize seus pensamentos na fartura, na alegria, nos sonhos realizados e logo uma sensação de satisfação voltará a permear seu corpo e sua energia.

Escreva abaixo o seu motivo de gratidão pelo dia de hoje.

....
....
....
....
....
....
....
....
....
....
....
....
....

12 de novembro

Imerso nos problemas do dia a dia, você fica preso às mais diversas situações que o privam de uma vida autenticamente feliz. Quando você deixa os problemas e as tristezas o aprisionarem, fica perdido em si mesmo. Agradeça a oportunidade de escolher ser livre e de se libertar dessa prisão que você mesmo criou. Veja quanta coisa boa se abre diante dos seus olhos.

Escreva abaixo o seu motivo de gratidão pelo dia de hoje.

....
....
....
....
....
....
....
....
....
....
....
....

13 de novembro

Dia mundial da gentileza

Quando a gratidão está ligada à gentileza, você se torna mais humano e consegue se conectar a outras pessoas. Pessoas gratas reconhecem o que há de bom ao próprio redor e contagiam a todos! Você pode começar a exercer sozinho e logo verá seus amigos, familiares e até colegas de trabalho também contagiados pela energia que a gratidão reverbera.

Escreva abaixo o seu motivo de gratidão pelo dia de hoje.

....
....
....
....
....
....
....
....
....
....
....
....

14 de novembro

Acredite que é capaz de enfrentar a vida com mais disposição, mesmo nas adversidades. Elas ajudam na sua evolução e no seu desenvolvimento como pessoa, além de ajudar no aumento da resiliência e da força. Diante disso, não tem como não ser grato também pelas experiências desafiadoras que a vida traz.

Escreva abaixo o seu motivo de gratidão pelo dia de hoje.
....
....
....
....
....
....
....
....
....
....
....
....
....
....

15 de novembro

Na maioria das vezes, você congela a sua existência em planos muito bem definidos em sua própria mente. Quando eles dão errado, você cai no desespero e na depressão. Você poderia ser mais livre se permitisse que oportunidades surgissem para que você aproveite esse momento da vida, que aproveite a transitoriedade. Ao dançar junto com a música, você gera uma transformação que é impulsionada simplesmente pela gratidão.

Escreva abaixo o seu motivo de gratidão pelo dia de hoje.

....
....
....
....
....
....
....
....
....
....
....

16 de novembro

Seja grato às pessoas que te ouviram, que te ensinaram, que te apoiaram. E também às que te deram as costas, que se afastaram, que desprezaram o seu amor. Agradeça a cada não que você recebeu, pois essas oportunidades deram errado para que outras pudessem dar certo. Nada na vida é em vão. Tudo aquilo que não deu certo pode se transformar em uma importante lição.

Escreva abaixo o seu motivo de gratidão pelo dia de hoje.

....
....
....
....
....
....
....
....
....
....
....
....

17 de novembro

Dia da criatividade

Nada melhor para a alma do que treinar a gratidão e diariamente agradecer pelas bênçãos recebidas. Aprenda a agradecer ao momento difícil para que o fácil seja mais valorizado. Aprenda a valorizar as feridas para que os sorrisos sejam mais sinceros. Aprenda agradecer os desencontros, porque eles te levaram a encontros de verdade.

Escreva abaixo o seu motivo de gratidão pelo dia de hoje.

18 de novembro

A gratidão reduz a sua necessidade de controle sobre as coisas e aquela necessidade de que tudo tem que estar perfeito. Amenize aquele sentimento de que as outras pessoas têm que agir da forma como você quer. Isso deixará você em paz!

Escreva abaixo o seu motivo de gratidão pelo dia de hoje.

19 de novembro

Dia internacional do homem

Reconheça que a vida é um presente que Deus lhe deu. Ser grato é a atitude de uma alma nobre. Ser grato não lhe custará nada, mas terá um grande valor em sua vida.

Escreva abaixo o seu motivo de gratidão pelo dia de hoje.

20 de novembro

Dia nacional da consciência negra

Gratidão, amor, compaixão, tolerância. Está mais do que claro que bons atos levam a outros bons atos e seu exercício promove efeitos bioquímicos para todos – e não apenas para quem os exercitar.

Escreva abaixo o seu motivo de gratidão pelo dia de hoje.

....
....
....
....
....
....
....
....
....
....
....
....
....
....

21 de novembro

A gratidão profunda é curadora. Cura o pessimismo, o derrotismo e a fatalidade cega. Quem cultiva o hábito de agradecer a Deus dificilmente terá crises de desânimo. Não abrigará no coração a presença incômoda e doentia da amargura. A gratidão torna você uma pessoa saudável, mais disposta, mais dinâmica.

Escreva abaixo o seu motivo de gratidão pelo dia de hoje.

....
....
....
....
....
....
....
....
....
....
....
....
....

22 de novembro

Quando você aprende a deixar as coisas a serem do jeito que são, a gratidão se faz presente e deixa a vida muito mais gostosa.

Escreva abaixo o seu motivo de gratidão pelo dia de hoje.
....
....
....
....
....
....
....
....
....
....
....
....
....
....
....
....

23 de novembro

Dia mundial de ação de graças

A gratidão a Deus é o sentimento mais puro e sagrado para os cristãos de todo mundo. Você deve ser grato a quem o ajuda e o socorre. Como diz a Bíblia: "Em tudo dai graças, porque esta é a vontade de Deus em Cristo Jesus para convosco" (1 Tessalonicenses 5:18)[7].

Escreva abaixo o seu motivo de gratidão pelo dia de hoje.

....
....
....
....
....
....
....
....
....
....
....

[7] BÍBLIA. I Tessalonicenses 5:18. Português. In: Bíblia Online. Almeida Revista e Atualizada. Disponível em: https://www.bibliaon.com/versiculo/1_tessalonicenses_5_18/. Acesso em: 6 out. 2022.

24 de novembro

"Hoje sou grato por amar novamente, não o simples amor infantil, mas um amor que é firmado primeiramente no amor próprio, e que hoje pode receber outra alma para fazer transbordar o meu reservatório de amor."

Escreva abaixo o seu motivo de gratidão pelo dia de hoje.

25 de novembro

Se estiver mergulhado em más notícias, faça um único movimento para ver o que ainda há de bom. Preste atenção! Por menor que seja um resultado positivo, seja grato por ele. Pode ser uma pequena clientela, pouco dinheiro, poucas qualidades. Se concentrar e ser grato por essas coisas, elas crescerão. A gratidão é igual ao fermento. Misture os ingredientes de qualquer situação a ela e ela vai crescer com toda a certeza.

Escreva abaixo o seu motivo de gratidão pelo dia de hoje.

....
....
....
....
....
....
....
....
....
....
....
....

26 de novembro

Agradeça por todas as coisas e pessoas que você perdeu, pois elas te levaram a ganhos ainda maiores e melhores. Seja grato pelo olhar simples e pelo coração aberto que encontrou em um dia cinza; pelo ombro que encontrou disponível; pela ajuda que nunca te cobrou nada em troca. Seja grato pela vida que todo dia te dá uma nova chance. Seja grato pelo teu coração que toda noite não dorme sem antes ter sonhado mais.

Escreva abaixo o seu motivo de gratidão pelo dia de hoje.

27 de novembro

Tenha a certeza de usar sempre a gratidão como um estímulo para que você se sinta merecedor de tudo aquilo que quer.

Escreva abaixo o seu motivo de gratidão pelo dia de hoje.

28 de novembro

Estar grato pelas coisas que você tem não significa que você não queira mais. Significa que você aprecia o que recebe e está aberto para receber com maior intensidade.

Escreva abaixo o seu motivo de gratidão pelo dia de hoje.

29 de novembro

Você sabia que dar um sorriso a alguém é uma forma de gratidão? E é tão simples! Ao cruzar com uma pessoa sorria e pense: "Como sou grata por você ter cruzado meu caminho!". Pronto. Agradecemos.

Escreva abaixo o seu motivo de gratidão pelo dia de hoje.

30 de novembro

Quantas vezes você reclamou de alguma coisa hoje? Não importa o tema, só o fato de se queixar faz você focar o que ainda não é como deveria e talvez faça você achar que está tudo fora do lugar. A gratidão é um presente que você dá a si mesmo quando reconhece as próprias riquezas. A gratidão te dá certeza quando parece que não há mais nada.

Escreva abaixo o seu motivo de gratidão pelo dia de hoje.
....
....
....
....
....
....
....
....
....
....
....
....

DEZEMBRO

1 de dezembro

Agradeça a si mesmo, por suas escolhas, por seus sonhos, por suas pegadas, por suas marcas. Seja grato por todas as oportunidades, pois elas te farão ganhar um tesouro ainda mais brilhante. Agradeça o tempo todo, pois a gratidão é a certeza de que nada nem ninguém está no seu caminho por acaso.

Escreva abaixo o seu motivo de gratidão pelo dia de hoje.

....
....
....
....
....
....
....
....
....
....
....
....
....

MINHA GRATIDÃO DIÁRIA

2 de dezembro

Pare tudo o que está fazendo e demonstre gratidão hoje para quem trouxe felicidade para sua vida. Elogie, fale, abrace e diga o que sente. Isso atrairá energia positiva para sua vida.

Escreva abaixo o seu motivo de gratidão pelo dia de hoje.

3 de dezembro

Agradecer faz você deixar de lado os pensamentos negativos. Isso acontece porque o sistema de recompensa é ativado. Por isso o seu nível de bem-estar aumentará expressivamente se passar a agradecer hoje.

Escreva abaixo o seu motivo de gratidão pelo dia de hoje.

....
....
....
....
....
....
....
....
....
....
....
....
....
....

4 de dezembro

A gratidão reduz uma infinidade de emoções tóxicas que minam as relações e o deixam solitário, além de aumentar a empatia e a sensibilidade pelos outros, o que o estimula a viver conectado.

Escreva abaixo o seu motivo de gratidão pelo dia de hoje.

5 de dezembro

Com o fim do ano se aproximando, reserve um momento do seu dia para ter gratidão pela abertura da consciência que faz você ter um maior entendimento da vida, pela inteligência que lhe dá acesso ao conhecimento e amplia seu campo de visão e de ação, pelos anjos que cruzam seu caminho e contribuem com a sua jornada.

Escreva abaixo o seu motivo de gratidão pelo dia de hoje.

6 de dezembro

A gratidão é uma das formas mais enriquecedoras de oração, um dos meios mais seguros de buscar realizar algo na vida. Gratidão é uma fonte inesgotável das mais belas energias e vibrações.

Escreva abaixo o seu motivo de gratidão pelo dia de hoje.

7 de dezembro

A gratidão traz para a sua vida mais daquilo que você reconhece como bom. Portanto, preste atenção no que coloca suas emoções.

Escreva abaixo o seu motivo de gratidão pelo dia de hoje.

8 de dezembro

Dia da Família

Agradeça pelas pessoas que o cercam e estão presentes em seu dia a dia. Sem elas, seria muito mais difícil lidar com os contratempos da sua rotina.

Escreva abaixo o seu motivo de gratidão pelo dia de hoje.
....
....
....
....
....
....
....
....
....
....
....
....
....
....

9 de dezembro

O gesto aparentemente simples da gratidão tem povoado menos almas do que deveria. É preciso sair de si e examinar as ações do outro e as conquistas da própria vida em busca de contentamento, mas quem está disposto a deixar de olhar para o próprio umbigo e valorizar a ação de alguém?

Escreva abaixo o seu motivo de gratidão pelo dia de hoje.

10 de dezembro

Se o seu relacionamento já deu o que tinha que dar e você está querendo mudar os ares, concentre-se nas coisas boas que viveu nele. Dessa forma, você será atraído para um relacionamento melhor. A lamentação não traz novas oportunidades. A gratidão, sim.

Escreva abaixo o seu motivo de gratidão pelo dia de hoje.

11 de dezembro

Segundo a Física Quântica, a gratidão é uma frequência do Universo que vibra a mais de 900 hertz na escala vibracional. Tudo o que você agradece volta para você na mesma vibração.

Escreva abaixo o seu motivo de gratidão pelo dia de hoje.

....
....
....
....
....
....
....
....
....
....
....
....
....
....

12 de dezembro

Agradeça aos atrasos. Talvez se tivesse chegado no horário certo, não teria visto o pôr do sol mais lindo da sua vida. Agradeça os acasos, que de acasos não têm nada – até as coincidências são pequenos milagres em que Deus prefere não aparecer. Agradeça o tempo que construiu as coisas do jeito que você precisa, agradeça as reformas pelas quais você vai passar ao longo da jornada.

Agradeça os presentes e os ausentes também. Agradeça as chegadas e as partidas. Deus sempre faz parte dessas viagens.

Escreva abaixo o seu motivo de gratidão pelo dia de hoje.

....
....
....
....
....
....
....
....
....
....

13 de dezembro

Agradecer é um ato de amor incondicional e um exercício de desapego. É optar pelo ato de amor. É plantar em si a semente da humildade.

Escreva abaixo o seu motivo de gratidão pelo dia de hoje.

....
....
....
....
....
....
....
....
....
....
....
....
....
....
....

14 de dezembro

Quando você percebe a importância do momento presente, passa a ser grato pelas oportunidades que o rodeiam o tempo todo.

Escreva abaixo o seu motivo de gratidão pelo dia de hoje.

15 de dezembro

Descubra, acessando o seu coração, tudo aquilo que você tem de bom. Quando alguém disser que você tem capacidade de realizar, acredite e realize. Não pare de tentar e não olhe para baixo. Entre de cabeça e tente com tudo o que tem nas mãos.

Escreva abaixo o seu motivo de gratidão pelo dia de hoje.

16 de dezembro

Faça uma lista das pequenas coisas que você pode fazer pelos outros e comece ainda hoje. O fato de poder contribuir com outras pessoas estimula o sentimento de pertencimento e dá sentido a tudo o que você faz. Coloque essa energia em ação. A consequência? Você acabará ainda mais grato pela vida.

Escreva abaixo o seu motivo de gratidão pelo dia de hoje.

17 de dezembro

Esteja aberto o suficiente para receber com clareza a verdade da sua vida. Agradeça aos fatos. Esse desprendimento é necessário para crescer.

Escreva abaixo o seu motivo de gratidão pelo dia de hoje.

....
....
....
....
....
....
....
....
....
....
....
....
....
....

MINHA GRATIDÃO DIÁRIA

18 de dezembro

Ser uma pessoa feliz não fará com que você seja sempre grato. Mas ser grato te tornará alguém feliz.

Escreva abaixo o seu motivo de gratidão pelo dia de hoje.

19 de dezembro

Quanto mais você fica em estado de gratidão, mais atrai coisas pelas quais será grato.

Escreva abaixo o seu motivo de gratidão pelo dia de hoje.
....
....
....
....
....
....
....
....
....
....
....
....
....
....
....

MINHA GRATIDÃO DIÁRIA

20 de dezembro

Por amor a você, agradeça! Mostre ao Universo o que você pode ver em sua vida. Alegrias, conquistas, todos os momentos bons e pessoas do bem em sua vida. Agradeça também a todas as portas fechadas, a todos os nãos, todas as frustrações, dores e decepções. Tudo que aconteceu até hoje faz parte da construção do seu eu. Sem isso tudo, você não seria como é hoje.

Escreva abaixo o seu motivo de gratidão pelo dia de hoje.

....
....
....
....
....
....
....
....
....
....
....
....

21 de dezembro

Início do verão

A gratidão é magnética. Quanto mais você tem, mais consegue ter motivos e vivências que o tornam grato. É uma lei universal. Abra-se. Expanda-se. E seja grato para expandir mais.

Escreva abaixo o seu motivo de gratidão pelo dia de hoje.

22 de dezembro

Seja grato com você mesmo por ter enfrentado tantas coisas e assim mesmo deu conta de seguir. Agradeça por todas as vezes que você pensou em desistir, mas não desistiu. Agradeça o momento em que se encheu de coragem e teve mais força para continuar.

Escreva abaixo o seu motivo de gratidão pelo dia de hoje.

23 de dezembro

Agradeça sempre o novo estágio de vida em que se encontra. Se você não está feliz e confortável com ele, é porque ainda não se abriu para tudo o que ele tem de bom a oferecer. Desprenda-se do passado e se abra para viver o novo que já chegou com novidades e oportunidades.

Escreva abaixo o seu motivo de gratidão pelo dia de hoje.

24 de dezembro

Tenha consciência de que cada degrau que você sobe é amparado pelo universo e é motivo de celebração.

Escreva abaixo o seu motivo de gratidão pelo dia de hoje.

25 de dezembro

Natal

Agradeça os ensinamentos profundos que Jesus, um dos seres mais evoluídos que viveu neste planeta Terra, nos trouxe. A partir dele, abriu-se um manancial de informações que permite que você vivencie e entenda o amor verdadeiro que cura, transforma e salva.

Escreva abaixo o seu motivo de gratidão pelo dia de hoje.

26 de dezembro

Quantas vezes neste ano você sentiu gratidão? E o que ela proporcionou a você? Não deixe a melancolia entrar em sua vida. Que tal prolongar o sentimento de gratidão por mais um dia? Ela precisa fazer parte da sua rotina.

Escreva abaixo o seu motivo de gratidão pelo dia de hoje.

27 de dezembro

Quando os desejos se realizam, eles perdem a importância. Você acaba por esvaziar o copo da satisfação, já tendo em mente novos desejos. É importante perceber que a gratidão faz parte da conquista da felicidade e não da conquista material em si. Não se esqueça de agradecer por cada tijolo na construção da sua felicidade.

Escreva abaixo o seu motivo de gratidão pelo dia de hoje.

28 de dezembro

Aprenda a agradecer por tudo que tem. Pois se você não é feliz com tudo isso, provavelmente não será feliz com aquilo que te falta.

Escreva abaixo o seu motivo de gratidão pelo dia de hoje.

29 de dezembro

"A velha raposa jamais esquece a colina onde nasceu; a tartaruga branca retribui a gentileza que havia recebido de Mao Pao. Se mesmo criaturas inferiores sabem o suficiente para agir assim, então os seres humanos deveriam fazê-lo muito mais!".

Essas palavras das Escrituras de Nitiren Daishonin nos inspiram a sermos sempre gratos aos nossos pais, nossos mestres e a todos aqueles que nos propiciaram estar aqui hoje.

Escreva abaixo o seu motivo de gratidão pelo dia de hoje.
....
....
....
....
....
....
....
....
....
....

30 de dezembro

Não se culpe por aquilo que deu errado ou não saiu do jeito que gostaria. Apenas esteja aberto. E lembre-se de que a cada minuto que passa você já não é mais o mesmo que era. Portanto, seja grato por poder fazer diferente sempre.

Escreva abaixo o seu motivo de gratidão pelo dia de hoje.

31 de dezembro

Abra o pote da gratidão, veja quanto de aprendizado adquiriu e quantas coisas boas você tem para ser grato!

Escreva abaixo o seu motivo de gratidão pelo dia de hoje.

Robson Hamuche é fundador e CEO do Grupo Resiliência Humana desde maio de 2014.

Escritor, terapeuta transpessoal, palestrante e empreendedor. Seu trabalho é tornar a vida das pessoas mais leve por meio de atendimentos, mentorias, treinamentos e palestras, além de levar conteúdo exclusivo de autoconhecimento e psicologia pelas mídias sociais com mais de 20 milhões de pessoas em todas as suas plataformas. É, também, autor do livro *Pílulas de resiliência* (entre os mais vendidos de autoajuda, em abril de 2021), *Um compromisso por dia*, *Um compromisso por dia pais e filhos* e o *O pequeno livro para realizar grandes sonhos*, todos publicados pela Editora Gente. De família libanesa e italiana, vive com esposa e dois filhos em São Paulo.

Sua missão é contribuir para o desenvolvimento de cada ser humano, de modo que as pessoas possam reencontrar seu grande potencial e seguir em direção aos seus sonhos, sucesso e felicidade.